D0879417

Je me suis senti plus accepté
dans certaines tribus africaines qui n'Avaient
absolument
rien à voir avec mon passé
que ds un resto-bar à Chomedey.

La frousse
autour du monde

TOME

3

BRUNO BLANCHET

LES ÉDITIONS

LA PRESSE

Table des matières

Note de l'éditrice

JACINTHE LAPORTE

Quel bonheur d'éditer Bruno Blanchet et quel périple créatif ! Il faut chaque fois surprendre le lecteur, comme le ferait lui-même Bruno. Il faut oser, aller plus loin et repousser les frontières de ce qui se fait et ce qui ne se fait (habituellement) pas. Il faut que son livre soit un voyage en lui-même. Chaque fois.

Tel que le veut la tradition, nous avons encore décidé de vous en mettre plein la vue dans la publication intégrale des chroniques. Comme pour les autres tomes, les textes ont été enjolivés à partir du matériel de voyage de Bruno : ses photos, ses coupons, billets, reçus et babioles. Nous avons ajouté quelques jeux ou devinettes ici et là. Et afin d'insuffler encore plus de vie à ses textes déjà grouillants d'aventures, nous avons pensé incorporer (lire tester) une nouvelle technologie à ce bouquin pour en faire le tout premier ouvrage en expérience plus que réelle.

À quelques endroits au fil de ces pages, vous trouverez des logos incompréhensibles à même les illustrations, pour que Bruno se téléporte dans votre livre. Oui oui !

Mode d'emploi

Vous aurez besoin du même équipement informatique de base que celui pour parler sur *Skype,* par exemple : un ordinateur avec du son et une *webcam.*

Si vous ne disposez pas de l'équipement nécessaire, un café internet devrait pouvoir vous dépanner, ou alors, n'importe quel ado de votre entourage. De toute façon, il s'agit d'un contenu ajouté qui n'affectera en rien votre compréhension du récit – comme une surprise dans une boîte de *Cracker Jacks* n'empêche en rien d'en apprécier la saveur. Bonne lecture, bon voyage...

1.

ALLEZ SUR
WWW.LAFROUSSE.CA
ET ACTIVEZ VOTRE WEBCAM.

2.

TENEZ VOTRE LIVRE POUR PLACER
LE SYMBOLE NOIR ET BLANC À UNE
TRENTAINE DE CM DE VOTRE WEBCAM
(COMME SI C'ÉTAIT UN MIROIR). RETROUVEZ
CES SYMBOLES MAGIQUES AUX PAGES
7, 95, 166 ET SUR LA CARTE DU MONDE.

3.

PATIENTEZ QUELQUES SECONDES
SANS BOUGER – BRUNO EST TOUT DE
MÊME À L'AUTRE BOUT DU MONDE –
ET VOUS LE VERREZ SE MATÉRIALISER
DANS LA FENÊTRE DE VOTRE
ÉCRAN D'ORDINATEUR.

Préface

MARIE-CHRISTINE BLAIS

Ce qui est chouette, quand on relit des chroniques rédigées en voyage il y a trois ans, c'est de remarquer, en filigrane, de petites choses quasi banales qui vont devenir importantes. Sauf que personne, et surtout pas celui qui écrit, n'en est conscient. Son esprit est absorbé par tout ce qui l'entoure d'exotique, de différent, de déstabilisant. Et comme c'est vrai que la Tanzanie, l'Ouganda ou Madagascar ne ressemblent pas beaucoup à Rosemont (quoique…), ils retiennent toute l'attention.

C'est exactement le cas du tome 3 de la « Frousse » de Bruno autour du monde. Bien sûr, vous aussi, vous serez frappé par le fait qu'il y est question de malaria, de mouche tsé-tsé, de vers qui démangent, de douaniers qui font peur… De bicyclette aussi, puisque Bruno avait décidé de « pédaler » l'Afrique.

On le suit dans son périple, abasourdi par tout ce qui semble lui tomber sur la tête, mais ragaillardi par son humour. Et comme lui, on s'attarde aux girafes, au poisson-crocodile, au hard rock heavy malgache, etc.

Mais là, oui, là, regardez bien : dans la chronique du 16 décembre 2006, Bruno rencontre un certain Big Pete, ornithologue britannique à la carrure de rugbyman dans *Astérix et les Bretons*. Et en mars 2007 ? Son fils Boris, qu'il n'a pas vraiment vu depuis 2004, le rejoint en Thaïlande pour trois semaines de vacances.

Ça n'a l'air de rien, mais ces deux « rencontres » vont changer Bruno et le cours de son voyage dans les années qui suivront. C'est ça, le tome 3 de la « Frousse » : réaliser que le monde est grand et varié. Mais qu'il est aussi délicieusement petit et intime.

Et parfois même, comme le dit BB, le monde est fin.

Mot de Bruno

BRUNO BLANCHET

Bonjour, je suis Bruno Blanchet, et je suis très heureux de vous accueillir dans ce livre grâce à la merveilleuse technologie qu'est la réalité augmentée. Mais, d'abord, des remerciements :

Merci à tous les artistes qui ont œuvré sur ce beau bouquin de *La Frousse autour du monde*, encore une fois rempli de surprises, ce livre est à vous. Un merci tout spécial à Jacinthe et à Marie-Christine, je vous aimerai toujours. *Kha phun Khap* Supak Chaisoi *thank you* Big Pete *gracias* Pedro *chukran* Felix merci Fred et Fred *grazie* Gigi *danke* Loek et merci à mon fils Boris. Merci Marie, ma précieuse, et surtout, merci à vous, chers lecteurs et lectrices, sans qui je n'existerais pas.

Alors, pourquoi avons-nous choisi de vous présenter ce tome trois avec une expérience plus que réelle? C'est pour préparer l'avenir. Bientôt, tout le monde le sait, sortir de la maison sera désuet. Et lire un livre en papier sera… démodé! Et nous aurons été les premiers à vous en faire la preuve.

Soyez indulgents… je ne suis qu'un pionnier à votre service!

UNIQUE AU MONDE

CHRONIQUE 101

Addis-Abeba — Éthiopie

IL Y A UN ARBRE MAGNIFIQUE ET IMMENSE, PRÈS DE LA VILLE DE TAÏZ, AU YÉMEN, QU'ON CROIT ÂGÉ DE 3000 ANS, ET QU'ON A BAPTISÉ LE *SHAJARAT AL-GHARIB* : L'ARBRE ÉTRANGE. POURQUOI ÉTRANGE ? PARCE QU'IL EST LE SEUL DE SON ESPÈCE AU MONDE. L'UNIQUE. SANS PÈRE, NI MÈRE ; SANS FRÈRE, NI SŒUR. SUR TOUTE LA PLANÈTE, IL N'Y A QU'UN ARBRE COMME LUI : LUI !

ET PERSONNE NE SAIT COMMENT IL EST ATTERRI LÀ…

**Samedi
22 juillet
2006**

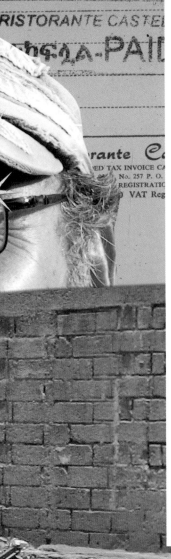

Suite à la 100e chronique de *La Frousse*, certains lecteurs m'ont pressé de livrer un bilan et, si j'ai bien compris, de parler du Voyage, avec un grand V; auquel cas je ne vous saisis pas tout à fait parce que, selon moi, c'est aujourd'hui la 101e fois que j'en parle, du Voyage. Me trompe-je ? C'est possible. J'avoue qu'il m'arrive fréquemment de m'égarer, au sens propre comme au sens figuré, et de pousser parfois un peu loin mes délires...

Mais, puisque vous insistez, et parce que je vous aime, dans l'épisode qui suit, en lisant attentivement vous trouverez, à la fois, un constat sur le « Voyage », et une forme de bilan; et si vous le lisez à l'envers, ça jase peut-être même de Satan... Brrr !

Vous vous souvenez sans doute que j'étais coincé à Addis-Abeba, en Éthiopie, sans la moindre idée de la suite des événements, et ce, à deux jours de la date d'expiration de mon permis de séjour. Et en Éthiopie, rater sa date de sortie, cela signifie se magasiner un sérieux paquet de troubles... Or, ce soir-là, au restaurant italien où je venais d'engloutir un excellent spaghetti aux boulettes, je réfléchissais sur la chance que j'avais de me retrouver acculé au mur, de me voir coincé comme un rat... Oui, la CHANCE ! Rien devant, tout derrière, et passé « go », je ne pouvais que remettre le compteur à zéro. De retour au sommet du mont Dentier (merci Sol), devant un horizon muet, je me préparais à me relancer dans le vide, en chute libre, et à renouer avec la Frousse.

J'étais donc vivant à mort, et je savais que j'allais provoquer un petit miracle : parce que dans ces rares moments-là, comme une centrale nucléaire, y'a jusque dans tes atomes que ça bouillonne. Et avant même que tu ne t'en aperçoives, on vient se masser autour de ton aura...

— Buno !!!!!

Perdu dans mes réflexions, le cri me fait sursauter. Tomoko éclate de rire, surprise d'avoir autant d'impact, elle qui rôde de coutume « à la japonaise », c'est-à-dire sans faire de bruit ni déranger personne. Incrédule, je me frotte les yeux : eh oui, c'est bel et bien la Tomoko mimi ! Depuis Calcutta qu'on s'était vus ! Depuis six mois...

C'est long, six mois, hein ? Cent quatre-vingts jours ! Et vous croyez qu'elle apparaîtrait comme ça, par hasard, à Addis-Abeba, au même resto que moi, aujourd'hui, d'entre tous les aujourd'hui ? *No way !* C'est le début de la magie, ça, mes amis…

Je l'invite à s'asseoir, et à boire un café éthiopien (le café officiel de l'enfer : plus noir que Black Sabbath) ; puis, elle entreprend le récit de sa fascinante odyssée : Népal, Inde, Yémen. Six mois, en solo ! Non mais, entre vous et moi, le Yémen en solo… Faut le faire ! Je suis suspendu à ses lèvres. Elle est resplendissante. Comme une comète. Comme une rivière déchaînée ! Je bois ses paroles, j'admire son courage. Et alors que j'essaye de me rappeler comment dire *I love you* en japonais, surgit de la pénombre un dieu d'ébène de 2 mètres, aux yeux verts, beau comme un puma, avec des bras gros comme mes cuisses et suffisamment de dents pour faire peur à mon sourire.

— Buno, je te présente Tom.

Tom me tend la main. Je ne sais pas quoi mettre dedans. Ma tête ? Mes genoux ? Ha !

Le « Monsieur Afrique 2006 » est son petit copain… Et il vient brusquement arracher Tomoko à mon rêve. Bravo la magie !

Les deux amoureux disparaissent dans la nuit pendant que le client assis derrière moi siffle son appréciation. « *Nice ass !* » qu'il me chuchote à l'oreille.

— Oui, mais elle est prise !

— Je ne parlais pas d'elle…

Ah. Je me retourne et j'aperçois cette tête… d'un comique irrésistible ! Une sympathique bouille de fripouille gaie, avec un magnétisme à faire friser un fer. Il se marre.

— Désolé pour mon indiscrétion, mais j'ai écouté votre conversation, avoue-t-il. Et il m'a semblé vous avoir entendu parler du Yémen, non ?

— Oui, et ça m'a l'air fascinant... Tu connais ?

— Un peu... C'est supposé être ma prochaine destination !

Je suis estomaqué.

— Sérieux ?! Et tu pars quand ?

— Après-demain, en principe. J'aurais aimé prendre le train jusqu'à Djibouti City et, ensuite, un bateau de marchandises pour traverser la mer Rouge, mais je ne trouve pas le courage.

— Le courage, hum... Je pense que je peux peut-être t'aider de ce côté-là. Y'a quelqu'un qui vient de m'en refiler une grosse dose !

— *Cool... My name is Felix. What's your name ?*

Il y a un arbre immense près de la ville de Taïz, au Yémen, qu'on croit âgé de 3000 ans, et qu'on a baptisé le *shajarat al-gharib* : l'Arbre étrange.

Personne ne sait comment il est atterri là.

NI COMMENT
la photo de
l'arbre
est apparue
dans le TOME 2 !

UN TRAIN D'ENFER

CHRONIQUE 102

Djibouti — Djibouti

BRUNO ET SON NOUVEL AMI FELIX, DE SAN FRANCISCO, PARTENT POUR LE YÉMEN EN ESSAYANT DE SE COMPLIQUER LA VIE AU MAXIMUM.

**Samedi
29 juillet
2006**

Selon un « guide » de voyage très populaire, notre plan de match est littéralement à jeter aux ordures ! D'abord, prendre le train entre l'Éthiopie et Djibouti City pourrait se révéler une expérience *éprouvante et/ou dangereuse*. Deuxio, Djibouti City serait une ville *sans charme, beaucoup trop chère pour le voyageur à budget*. Et finalement, choisir de s'embarquer sur un navire de marine marchande pour traverser le Golfe d'Aden jusqu'au Yémen *est déconseillé, si l'on préfère ne pas mourir noyé* dans la vie, et/ou ne pas *se faire capturer par des pirates*.

Ah, les fameux guides… Comment les interpréter ?

Aussi essentiels que lourds, aussi réconfortants qu'enrageants, ils mènent une existence ingrate : on n'en retient trop souvent que les erreurs, ou les conseils gnangnans de grand-maman. Depuis plus d'un an maintenant que je me balade avec 6 kilos de bagages, et si je les écoutais, *by the book*, j'aurais au moins l'équivalent en produits pharmaceutiques.

— Oui, mais tout à coup que… ?

Tout à coup que quoi !? Jusqu'à présent, dans 19 pays, seulement deux « remèdes » m'ont été difficiles à trouver en pharmacie : du liquide à lentilles cornéennes au Bangladesh, et de l'huile contre les moustiques « avec du DEET » (paquetez-en). C'est tout.

Et ce n'est pas parce que j'ai été épargné par la maladie… J'ai souffert d'infections purulentes, d'allergies exotiques, et de toute la panoplie des grippettes asiatiques ; de deux bronchites, de dix millions de piqûres de moustiques, de 30 d'araignées ; de 3 crises de panique et de presque 10 semaines, au total, de problèmes digestifs – j'ai lu tout Dan Brown assis sur de la céramique – ; et j'ai toujours déniché le remède local pour guérir mon mal, souvent le moins cher et le plus efficace.

Bref, dans le « guide », on raconte que *le train pour Djibouti est lent :* merci, mais on ne fait pas une course ! Que le train, *il est bruyant :* peut-être bien que oui, mais rien, mes amis, ne peut être pire que la musique à tue-tête dans les autobus éthiopiens ! Et que le train, *il est inconfortable :* pour 12 heures ? Allez, on s'en fout...

Pour le reste ? Les toilettes sont un trou, et ce n'est pas tout le monde qui a du visou ; il faut garder l'œil sur ses bagages et déjouer les pickpockets à la gare, comme partout au monde, sauf au Japon. Mais pour 6 dollars ?

Ça ne fait pas cher l'aventure !

Tout à coup que, tchou-tchou, le train traverserait de grandes étendues désertiques où gambadent en toute liberté des gazelles et où broutent, paisibles, des chameaux sauvages, et que, tchou-tchou, nous pourrions ouvrir la porte du wagon pour nous asseoir dans les marches, délinquants, la chemise sur l'épaule et les pieds ballants, à regarder défiler le paysage, enveloppés par le vent, avec nos petites bières tièdes et notre gros joint de pot, et qu'au huitième arrêt, à la gare de paille d'un village sans nom, envahi par les enfants qui chialent, les bébés qui pleurent et les mamans et les grands-papas et les moutons, le train sifflerait trois fois et que, pour une seconde, nous ne voudrions être nulle part ailleurs au monde ?

Voilà ce qui aurait pu être écrit, si la vie accordait moins de temps à l'efficacité et un peu plus à la poésie.

Et la Djibouti City, elle ?

Suffocante, avec ses 50° Celsius à l'ombre, on en a vite fait le tour en une matinée. Et le prix des chambres d'hôtel est ridiculement élevé : 36 $ US pour un trou, dans un bordel. Exactement comme l'avait annoncé le fameux guide, qui n'a pas toujours tort, fort heureusement, mais qui, parfois, doit mettre des gants blancs et éviter de préciser, par exemple, que les Djiboutiens peuvent être arrogants et désagréables avec les visiteurs à un point tel qu'on les croirait colonisés par des garçons de café parisiens.

— Du beurre, svp.

— Du beurre ? ? ?

— Oui, du beurre.

— Ah ! Vous voulez dire du beuuuuurrre...

En fait, immédiatement après l'expérience éprouvante de l'arrivée à Djibouti, où le commis de la gare exigeait 5 dollars pour avoir ouvert la valise du taxi, où le chauffeur de taxi demandait le double du prix négocié de la course sinon il nous descendait au milieu de nulle part et où les réceptionnistes de trois hôtels nous ont claqué la porte au nez, j'ai pété un plomb.

J'avais tellement envie d'un « *Beam me up, Scotty !* » comme dans *Star Trek*, j'avais tellement envie de repartir, pour n'importe où, tout de suite, que, pris d'un élan de folie, j'ai tenté le tout pour le tout.

J'ai couru jusqu'au bord de la Mer Rouge. Je me suis planté les pieds dans le sable. J'ai pris une longue inspiration et j'ai crié, avec ma plus grosse voix :

— Eaux, séparez-vous ! Eaux, séparez-vous !

Deux fois. Trois fois. En anglais.

Rien.

Aujourd'hui, en direct de Djibouti, je peux vous confirmer une chose : Moïse avait un maudit bon truc.

የኢትዮጵያ ፌዴራላዊ ዲሞክራሲያዊ ሪፐብሊክ

Federal Democratic Republic of Ethiopia

በዲህንነት ኢሚግሬሽንና ስደተኞች ጉዳዮች ባለስልጣን

የኢሚግሬሽንና ዜግነት ጉዳይ ዋና መምሪያ

SECURITY IMMIGRATION AND REFUGEE AFFAIRS AUTHORITY

MAIN DEPARTMENT FOR IMMIGRATION AND NATIONALITY AFFAIRS

GARE ENTRE DJIBOUTI et ETHIOPIE

LE AL-FAKHOUF

Djibouti — Djibouti

TOUTE LA SEMAINE DURANT, NOUS AVONS FAIT L'ALLER-RETOUR ENTRE LE CENTRE-VILLE ET LA CAPITAINERIE DU PORT DE DJIBOUTI. L'OFFICIER ÉTAIT FORT SYMPATHIQUE, MAIS PAS TRÈS PERSPICACE... CHAQUE JOUR, AU TÉLÉPHONE, IL NOUS DISAIT : « VENEZ AU PORT, JE CROIS QU'IL Y A UN BATEAU POUR VOUS ! » PUIS, ON ARRIVAIT AU BORD DE L'EAU, ET IL NOUS DÉSIGNAIT LE NAVIRE EN QUESTION, ET CHAQUE FOIS, IL S'AGISSAIT DE LA BARQUE POURRIE D'UN TRAFIQUANT D'HUMAINS QUI DÉBORDAIT D'IMMIGRANTS ILLÉGAUX.

Samedi
5 août
2006

Nous sommes aventuriers, mais pas suicidaires. Vous verriez ces embarcations... C'est de la pure folie! Une fois la cale remplie avec des individus, des animaux, des caisses, des sacs et des briques, il ne reste plus d'espace pour bouger. Pas un centimètre carré! Les passagers seront assis les uns sur les autres, pendant des heures, en plein soleil. Sur la mer, ils vont se prendre un de ces coups de chaleur. Et dans une coquille de noix de la sorte, bonjour le mal de mer! Les bébés, déjà, se mettent à pleurer, et le bateau est toujours amarré...

Le plus triste dans cette histoire, c'est que ça donne une pleine mesure du désespoir d'un individu, lorsqu'il accepte de payer pour s'embarquer, avec sa famille, dans un tel périple.

Rien à perdre, vous croyez? Misère. S'il avait au moins à gagner...

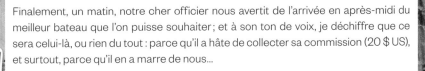

Finalement, un matin, notre cher officier nous avertit de l'arrivée en après-midi du meilleur bateau que l'on puisse souhaiter; et à son ton de voix, je déchiffre que ce sera celui-là, ou rien du tout : parce qu'il a hâte de collecter sa commission (20 $ US), et surtout, parce qu'il en a marre de nous...

Et j'ai parfaitement raison. Au quai, son verdict est catégorique.

— C'est à prendre ou à laisser. Vous n'aurez pas mieux que ceci.

Le Al Fakhouf est un vieux bateau de marine marchande indien. Il doit faire dans 40 mètres. Il penche d'un côté parce qu'il déborde d'une cargaison de fèves. Sa coque de bois peinturlurée en a vu d'autres, et pas que des vagues. La preuve? Le capitaine vient de se garer en parallèle comme ma sœur adorée avec sa première voiture, c'est-à-dire : en frappant d'abord le quai, puis en enfonçant le derrière du bateau de devant, et en brutalisant le devant de celui de derrière...

Wow! Cinq jours d'attente à Djibouti pour embarquer à bord de ça? Cinq jours à pester, parce que rien ne bouge, pour traverser en péniche usée la Mer Rouge? L'avoir su, je serais parti à la nage dimanche dernier! C'est probablement comme ça que ça va se terminer, de toute façon...

Bref, lorsqu'ils ont jeté la passerelle, j'avais le sac sur l'épaule, direction l'aéroport.

— Fuck le Yémen. Je rentre en Éthiopie!

C'est le rire éclatant de Felix qui m'a empêché de mettre ma menace à exécution.

— Ha ha ha ! *You faggot !,* qu'il m'a lancé. Je croyais que c'était moi, la *moumoune !*

Il est important de préciser ici, si ce n'est déjà fait, que Felix est homosexuel et qu'il ne s'en cache pas : au contraire ! Grande folle épanouie, et fier de l'être, Felix chérit l'expression « moumoune » depuis la semaine dernière. J'ai commis la gaffe de la lui apprendre, et maintenant, il n'a que ça en bouche : moumoune par-ci, moumoune par-là, moumoune lui, moumoune toi... Il affirme qu'il songe même à en faire son *middle name,* parce qu'il rêverait de voir sur son passeport américain le nom *Felix Moumoune Estrada !* Ce qui ne m'étonnerait guère, parce qu'il ne fait rien à moitié... Volume à 11 ! Il prend en effet un joyeux plaisir à provoquer l'entourage avec des pas de danse impromptus, à la *Show Girl,* ou d'impulsifs « criiiiiiiiiis ! », toujours surprenants. Au resto, hier, nous avions commandé du ragoût, et lorsque la viande est entrée par la porte d'en avant, toujours vivante, dans les bras du cuisinier – une petite chèvre si jolie ! – Felix a immédiatement fait le lien entre l'animal et notre plat, et il a pété une crise é-pou-van-ta-ble, in- descriptible, pire que celle de Tintin, dans l'album *Tintin à Pékin,* quand il découvre qu'il vient de manger Milou en petites boulettes panées, avec de la sauce rouge... Vous n'avez pas lu celui-là ? Dom- mage ! Dans le genre, je vous conseillerais aussi *Tintin et les canni- bales des îles Fidji,* pour le dessin où Haddock, saoul, trouve la bar- bichette et les lunettes du professeur Tournesol dans sa saucisse.

Enfin. Déjà que les clients du petit bistro étaient sous le choc, comme partout où débarque Felix. Avec lui, aucune zone grise : on se masse autour de lui comme des enfants autour d'une mascotte, curieux et amusés, ou on prend ses jambes à son cou. Je fais partie du premier groupe, vous vous en doutez bien... Et pour tout vous avouer, voyager avec une « grande » qui exprime sa gaieté sans retenue me brasse la cage ; moi qui croyais, à tort, ne plus en avoir, de cage ! Son je-m'en-foutisme remarquable et sa force de caractère me forcent à remettre sérieusement en question la nécessité de mes comportements de macho en voyage : comme le *crachage* par terre pour marquer son territoire, le retroussage des manches pour exposer ses biceps, et la fameuse tronche de « dur de dur » qu'on se donne, souvent, les gars, lorsqu'on ne se sent pas en sécurité...

Paraîtrait-il que moi, pissou notoire, je suis particulièrement expressif : je plisse les yeux, je durcis le regard et j'avance le menton en me creusant les joues. Felix-the-Drag m'a d'ailleurs consacré le « Clint Eastwood des pauvres ».

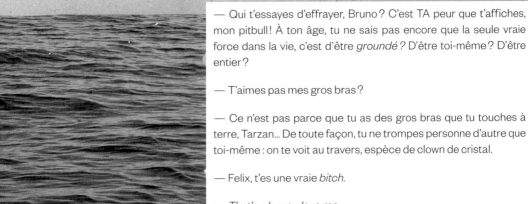

— Qui t'essayes d'effrayer, Bruno ? C'est TA peur que t'affiches, mon pitbull ! À ton âge, tu ne sais pas encore que la seule vraie force dans la vie, c'est d'être *groundé* ? D'être toi-même ? D'être entier ?

— T'aimes pas mes gros bras ?

— Ce n'est pas parce que tu as des gros bras que tu touches à terre, Tarzan... De toute façon, tu ne trompes personne d'autre que toi-même : on te voit au travers, espèce de clown de cristal.

— Felix, t'es une vraie *bitch.*

— *That's why you love me.*

Ha ! Et il est ainsi du matin au soir.

Ça secoue un peu, mais en vérité, je l'adore, et j'étais prêt : dès notre rencontre initiale, j'avais assez bien cerné la nature du personnage, et je jugeais plus précieux que ces quelques égratignures à mon amour-propre, le privilège d'être témoin de l'accueil que le Yémen – musulman et conservateur – réservera à Priscilla, princesse du désert.

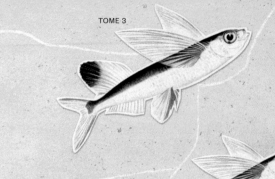

Ils vont le lyncher.

— Tu sais qu'ils vont te lyncher, les musulmans ?

— Dans tes rêves, *my sweety pie...*

— Je te protégerai.

— *You wish.*

Et la traversée ? Absolument formidable... Imaginez vous endormir au milieu de la Mer Rouge, sur le pont d'un vieux navire de bois qui craque, en regardant se bercer les étoiles.

Puis le lendemain, au lever du soleil, voir un poisson volant. Puis deux. Puis trois... Compter des poissons volants, c'est bien plus amusant que de compter des moutons !

À six heures, le capitaine est venu nous saluer, avec deux thés au lait et des chapatis. Nous avons pris le petit-déjeuner avec l'équipage, sur un tapis de Turquie déroulé sur le pont. Le capitaine nous a ensuite invités dans la cabine de pilotage. Et il m'a permis de piloter le bateau ! Génial. Mais pas simple. D'abord, ça prend une sacrée grosse paire de mains pour tenir le gouvernail d'un tel navire ! Le truc pèse une tonne ! Et y'a pas de *power steering* là-dessus, et les vagues te barouettent d'un côté et de l'autre, et le gouvernail se met à virer tout seul si tu ne le retiens pas, et tu peux te le prendre dans la gueule quand il déroule... Ouf ! C'est épuisant rien que d'essayer de garder le cap. Faut dire que j'anticipais mal la mer, et que je me laissais prendre dans le courant : dix secondes d'inattention, et j'étais plein est...

— Nord-est, Bruno !

— Oui capitaine !

Difficile. Mais quelle expérience, les amis, d'être aux commandes d'un bâtiment. Mon ami Felix me regarde souffrir, avec un petit sourire moqueur.

— Veux-tu essayer ?

— Non, je préfère regarder les hommes à l'ouvrage... Nord-est, moumoune !

Lorsque nous sommes débarqués au port, dans l'après-midi, fin de la récréation : nous avons été accueillis sèchement par les autorités portuaires de Aden, qui, nous l'avons appris sur place, n'apprécient guère ce genre d'arrivée de touristes à bord de navires commerciaux... Et ce, même si nous avions en main notre visa du Yémen, obtenu à l'ambassade de Djibouti (en deux jours, une formalité). Ils ont sollicité une vedette de la police pour nous cueillir au bateau, et ils ont exigé la somme de 50 dollars pour le « transport ». Sur-le-champ !

— *Right now !*

Exagéré ? Ouf ! Nous étions à peine à 20 mètres du bord... Ils nous ont ensuite fait patienter pendant une longue heure sur un banc de bois dur comme du fer, dans un bureau gris et triste comme les pierres, pendant qu'ils remplissaient des formulaires en bougonnant. Intimidation ? Non, je crois qu'on les dérangeait simplement dans leur routine. Finalement, ils nous ont relâchés.

Felix n'a pas été lynché, et j'ai vécu mon premier choc culturel : j'ai rencontré les femmes voilées.

EN TRAIN DE ME RASER SUR LE BATEAU VOGUANT VERS LE YÉMEN, EN COMPAGNIE DE RAMESH, LE CUISINIER.

LIVRE AU NOIR

CHRONIQUE 104

Sanaa – Yémen

« PAUVRES FEMMES MUSULMANES », S'ÉCRIENT LES FEMMES OCCIDENTALES, « ESCLAVES DE L'HOMME ET OBLIGÉES DE SE COUVRIR, DE SE TAIRE, DE SE CACHER ! »

« PAUVRES FEMMES OCCIDENTALES », LEUR RÉPONDENT LES FEMMES MUSULMANES, « ESCLAVES DE L'HOMME ET OBLIGÉES DE S'HABILLER POUR LUI PLAIRE, DE SE PROSTITUER ! »

PHRASES TIRÉES D'UN DÉBAT SUR LE VOILE DANS LE YEMEN TIMES

**Samedi
12 août
2006**

YEMEN

TIMES

Thursday, 25 May 2006 • Issue No. 949 • Founded in 1991 by Prof.

Inside: ▶

3

Girls' education in the Arab world: Challenges and difficulties

Readers' Voice

Last edition's question:

Amnesty assesses h

Au centre commercial de Sanaa, un petit garçon a perdu sa maman. Il pleure. Un gardien de sécurité essaie de le consoler, et prend des notes.

— Allez, pleure pas gamin. Tu vas voir, on va la retrouver, ta maman ! Comment elle s'appelle ?

— Ma maman, snif, elle s'appelle Laila...

— Laila ! Et, dis-moi, comment elle est habillée ce matin, ta maman Laila ?

— Elle a mis sa robe noire.

— Sa robe noire... D'accord. Ensuite ?

— Snif. Et son voile noir.

— Et son voile noir... C'est tout ?

— Et des souliers. Snif.

— Des souliers ! De quelle couleur ?

— N... noirs.

Bonne chance, petit. Parce qu'à Sanaa, au Yémen, presque toutes les femmes yéménites sont des Laila : à part quelques exceptions, elles sont toutes couvertes de « noir », de la tête aux pieds. Les seules différences apparentes entre elles sont leur taille, leur démarche, et la couleur de leurs yeux, lorsqu'on les voit : parce que beaucoup portent en plus l'abaya, le vêtement traditionnel noir, dans sa version *full face*, avec yeux, mains et pieds dissimulés. Assez intense, merci.

Pour l'étranger que je suis, l'application rigoureuse de cette coutume ne manque pas de créer des situations complètement absurdes : dans le journal de ce matin, on a illustré un article sur un regroupement de femmes contre la pauvreté avec une photo en « couleur » de trois femmes voilées ; et en guise d'en-tête, on a pris le soin de placer la photo de la journaliste. Voilée elle aussi !

Bienvenue au village fantôme !

Par contre, cela donne aussi lieu à des images plus troublantes : hier, lors d'une manifestation en faveur du président Saleh en vue d'élections annoncées le mois prochain (selon le parti au pouvoir, le *General People's Congress Party,* le Yémen est résolument sur la voie de la démocratie : un jour, il y aura peut-être même un parti d'opposition...), alors que les hommes occupaient un grand terrain de stationnement et manifestaient en brandissant bruyamment banderoles et poignards, les femmes avaient été entassées dans un petit espace connexe – séparé par une rangée de gardes armés –, à l'abri des regards, comme un troupeau de moutons noirs, pour manifester en silence.

S'il est clair qu'il y a ici un monde d'hommes, y a-t-il aussi, peut-être, un monde de femmes ? Un univers à elles, avec leurs lieux de rencontres secrètes, peut-être même leur propre langage ; ce qui expliquerait comment elles arrivent à se reconnaître, même si elles nous apparaissent toutes pareilles.

— Allô, Mireille !

— Monique ? Qu'est-ce que tu fais ici ?

— Je magasine, comme toi ! Pis je me suis acheté une assez belle blouse... Regarde !

Elle ouvre son sac.

— Hon! C'est assez une belle couleur!

— Oui, je sais!

— Mauve?

— Non, fuchsia.

Fuchsia? Oui, le fuchsia est à la mode ici, et pis un fuchsia pétant à part ça, madame! Vous devriez voir les magasins de vêtements féminins... une orgie de couleurs! C'est la fête! Les paillettes, les flaflas, on se croirait dans la garde-robe de Guilda.

À la vue de ces habits de patinage de fantaisie, une question inéluctable nous traverse alors l'esprit : à quoi servent ces vêtements? Y a-t-il une vie multicolore, quelque part? Une vie... au noir?

Dans l'autobus entre Aden et Taiz, j'étais assis à côté d'une femme qui portait le sombre costume officiel du pays et, n'ayant fait aucun effort pour engager la conversation (comme si j'étais en compagnie d'un « non-être »!), je m'assoupissais doucement, enfoncé dans le confort de mon indifférence, lorsque, soudainement, trois petits coups donnés avec délicatesse sur mon coude m'ont tiré de ma somnolence.

Toc, toc, toc!

— Pardon!

La femme, d'un geste de la main, s'est tout de suite excusée de m'avoir réveillé, puis elle a montré du doigt un cours d'eau qui longeait la route. Engourdi, j'ai d'abord remarqué le dessin élaboré qui ornait la paume de sa main – et se sont bousculés dans ma tête les souvenirs de beautés indiennes –, puis j'ai aperçu ce que la femme en noir voulait me montrer, là, au bord du magnifique lac à l'eau turquoise.

Des flamants roses.

A QUOI SERVENT CES VÊTEMENTS ?!?

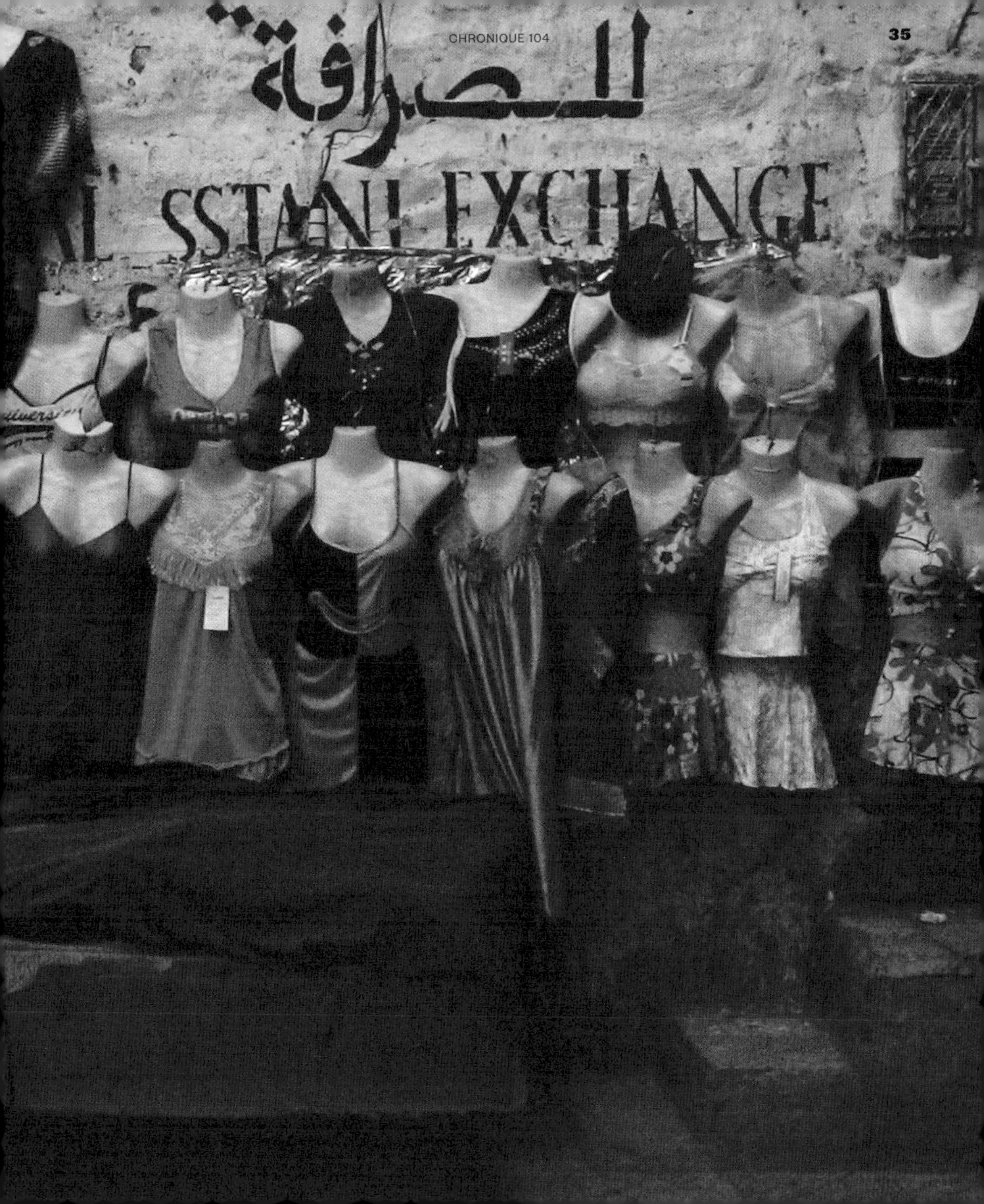
للصرافة
SSTANI EXCHANGE

L'AMI AMERICAIN

Arba Minch — Éthiopie

AH! AH! BANDE DE CURIEUX! JE VOUS AIME ASSEZ QUAND VOUS INTERVENEZ DANS LE DÉROULEMENT DE L'HISTOIRE ET QUE VOUS BOULEVERSEZ MES PLANS D'ÉCRITURE. JE SUIS TOUT MÊLÉ, LÀ! JE NE SAIS MÊME PLUS SI JE SUIS EN ROUTE VERS L'IRAN OU L'OUGANDA (RÉPONSE À LA FIN!)...

Samedi
19 août
2006

En tous les cas, il semble que beaucoup d'entre vous aimeraient savoir comment a été accueilli au Yémen mon ami gai de San Francisco, le fameux Felix ; et qu'un aussi grand nombre regrettent que je n'aie pas poursuivi le récit en dénouant « l'intrigue », la semaine dernière. Désolé ! Vous voulez connaître la raison de mon silence ?

J'étais sous le choc ! Et je ne croyais pas avoir le recul nécessaire pour traiter d'un sujet aussi... délicat. Cette semaine encore, me sentant malhabile à jongler avec de la porcelaine, je vous exposerai simplement les faits et vous les interpréterez comme vous le voulez, OK, ?

Premier soir. Aden, 19 h.

40 degrés Celsius.

Après un sandwich *shawarma*[2] piquant avalé assis sur le trottoir, une envie de fraîcheur nous pousse, Felix et moi, vers le restaurant de crème glacée, un des rares espaces climatisés en ville. À la porte d'entrée, une affiche nous annonce une mauvaise nouvelle : c'est la « soirée des familles ». Interdite aux hommes ! Seules les femmes peuvent y aller, seules, ou avec leurs enfants. Ce qui leur permet de se dévoiler le menton, une fois la semaine, et de ne pas être obligées de manger leur sundae au chocolat en cachette, à la paille, dans la noirceur... Devant le refus du serveur de nous laisser entrer dans son bel établissement réfrigéré, j'insiste pour parler au gérant : parce que j'ai chaud, parce que j'ai vraiment envie de crème glacée, et parce que j'aime éprouver les règlements.

Je joue à l'innocent.

« La soirée des familles, vous dites ? Parfait, nous sommes des frères ! »

Mais mon mensonge est inutile. Car Felix et le gérant se sont instantanément tombés dans l'œil, et ce dernier nous pousse littéralement à l'intérieur...

Rêve-je ?

Nous bouffons des *banana splits* délicieux, avec trois garnitures sucrées, et de la crème glacée molle épaisse comme du glaçage de gâteau de mariage. Ajoutez à cela de la crème fouettée qui déborde du plat, et qui va me sortir par les oreilles... C'est cochon ! Ils sont plutôt doués pour les desserts, les Yéménites. À défaut d'alcool ? Autour de nous, les jeunes se régalent de notre présence. Ils se marrent. Nous gardons les yeux sur nos assiettes, pour ne pas déranger l'intimité des familles,

[2] NOTE DE L'ÉDITRICE : UN SHAWARMA EST UN SANDWICH QUI S'APPARENTE AU DONNER OU AU *SHISH TAOUK* QUE L'ON CONNAÎT.

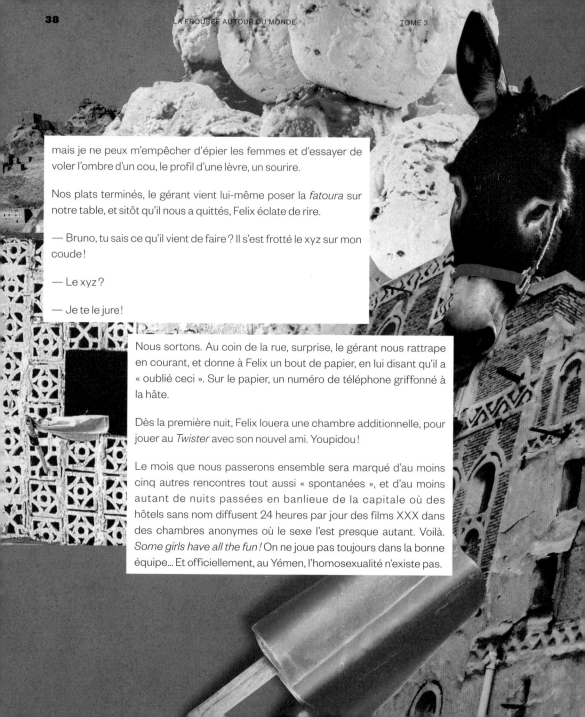

mais je ne peux m'empêcher d'épier les femmes et d'essayer de voler l'ombre d'un cou, le profil d'une lèvre, un sourire.

Nos plats terminés, le gérant vient lui-même poser la *fatoura* sur notre table, et sitôt qu'il nous a quittés, Felix éclate de rire.

— Bruno, tu sais ce qu'il vient de faire ? Il s'est frotté le xyz sur mon coude !

— Le xyz ?

— Je te le jure !

Nous sortons. Au coin de la rue, surprise, le gérant nous rattrape en courant, et donne à Felix un bout de papier, en lui disant qu'il a « oublié ceci ». Sur le papier, un numéro de téléphone griffonné à la hâte.

Dès la première nuit, Felix louera une chambre additionnelle, pour jouer au *Twister* avec son nouvel ami. Youpidou !

Le mois que nous passerons ensemble sera marqué d'au moins cinq autres rencontres tout aussi « spontanées », et d'au moins autant de nuits passées en banlieue de la capitale où des hôtels sans nom diffusent 24 heures par jour des films XXX dans des chambres anonymes où le sexe l'est presque autant. Voilà. *Some girls have all the fun !* On ne joue pas toujours dans la bonne équipe... Et officiellement, au Yémen, l'homosexualité n'existe pas.

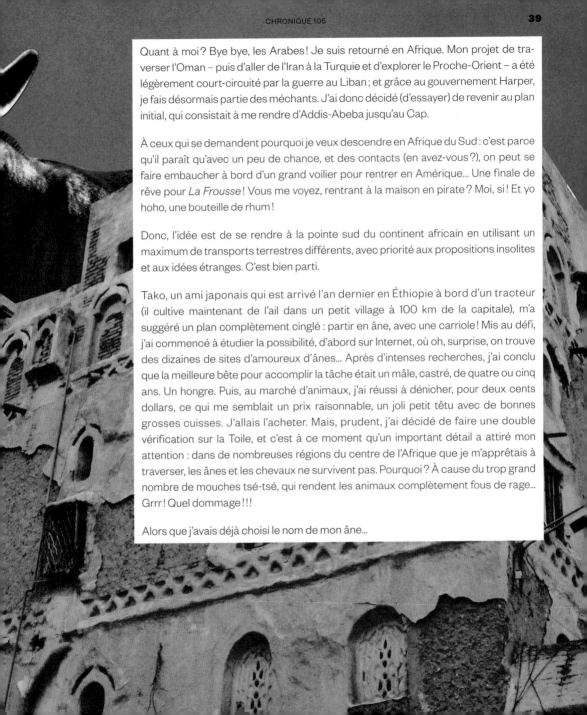

Quant à moi ? Bye bye, les Arabes ! Je suis retourné en Afrique. Mon projet de traverser l'Oman – puis d'aller de l'Iran à la Turquie et d'explorer le Proche-Orient – a été légèrement court-circuité par la guerre au Liban ; et grâce au gouvernement Harper, je fais désormais partie des méchants. J'ai donc décidé (d'essayer) de revenir au plan initial, qui consistait à me rendre d'Addis-Abeba jusqu'au Cap.

À ceux qui se demandent pourquoi je veux descendre en Afrique du Sud : c'est parce qu'il paraît qu'avec un peu de chance, et des contacts (en avez-vous ?), on peut se faire embaucher à bord d'un grand voilier pour rentrer en Amérique... Une finale de rêve pour *La Frousse* ! Vous me voyez, rentrant à la maison en pirate ? Moi, si ! Et yo hoho, une bouteille de rhum !

Donc, l'idée est de se rendre à la pointe sud du continent africain en utilisant un maximum de transports terrestres différents, avec priorité aux propositions insolites et aux idées étranges. C'est bien parti.

Tako, un ami japonais qui est arrivé l'an dernier en Éthiopie à bord d'un tracteur (il cultive maintenant de l'ail dans un petit village à 100 km de la capitale), m'a suggéré un plan complètement cinglé : partir en âne, avec une carriole ! Mis au défi, j'ai commencé à étudier la possibilité, d'abord sur Internet, où oh, surprise, on trouve des dizaines de sites d'amoureux d'ânes... Après d'intenses recherches, j'ai conclu que la meilleure bête pour accomplir la tâche était un mâle, castré, de quatre ou cinq ans. Un hongre. Puis, au marché d'animaux, j'ai réussi à dénicher, pour deux cents dollars, ce qui me semblait un prix raisonnable, un joli petit têtu avec de bonnes grosses cuisses. J'allais l'acheter. Mais, prudent, j'ai décidé de faire une double vérification sur la Toile, et c'est à ce moment qu'un important détail a attiré mon attention : dans de nombreuses régions du centre de l'Afrique que je m'apprêtais à traverser, les ânes et les chevaux ne survivent pas. Pourquoi ? À cause du trop grand nombre de mouches tsé-tsé, qui rendent les animaux complètement fous de rage... Grrr ! Quel dommage !!!

Alors que j'avais déjà choisi le nom de mon âne...

Je me suis vite rabattu sur un plan B : en descendant les marches de l'hôtel Itegue Taitu, j'ai rencontré un photographe allemand uni-jambiste et une secrétaire de lycée parisien avec une valise plus grosse qu'elle, qui cherchaient un passager supplémentaire pour visiter le sud de l'Éthiopie à bord de leur 4x4. Sans réfléchir, j'ai dit oui. Pour deux semaines ? Pas de problème !

Après, on verra bien.

Ce soir, c'est donc de la terrasse du Bekele Mola, à Arba Minch, que je vous écris (un endroit fabuleux que je ne connaissais ni d'Ève ni d'Adam !), où nous avons une vue splendide sur une vallée où deux lacs se disputent le coucher de soleil. Un des deux lacs est rose, ce qui me rappelle que mon ami moumoune est bien loin, et qu'au milieu de mon trio trop sage, je m'ennuie déjà un peu de ses sarcasmes. J'imagine la scène...

J'aurais dit :

« Wow ! Un lac rose ! Tu dois être content, Felix ! *Home sweet home ?* »

Et lui, après un long soupir d'exaspération, m'aurait répondu :

« Oh ! Bruno Blanchet... Tu es tellllllement prévisible. »

MAUDITE MOUCHE TSÉ-TSÉ

CHRONIQUE 106

Parc national du Nechisar — Éthiopie

DANS LE CAMION, AU MILIEU DU PARC NATIONAL DU NECHISAR, UNE DOULEUR VIVE À L'AVANT-BRAS ME SOULÈVE DE MON SIÈGE. COMME UNE MORSURE. COMME UN CHOC ÉLECTRIQUE. COMME UNE MORSURE ÉLECTRIQUE !

Samedi
26 août
2006

LA VÉRITABLE
MOUCHE TSÉ-TSÉ
SE CACHE
À LA CHRONIQUE 102!

LAKE CHAMO

SERENGAL
HOTEL

40 SPRINGS

CROCODILE
MARKET

KODU RIV

BRIDGE OR

— Ayoye donc, de quessé ?!

— Bruno, tu viens de te faire piquer par une mouche tsé-tsé.

Juergen, l'Allemand, riait aux éclats.

— Une mouche tsé-tsé ?!?! Ça ?

Devant moi, sur le tableau de bord, une mouche tsé-tsé. Une vraie. Je n'en croyais pas mes yeux.

— Aaaaah !

Paf ! J'étais tellement énervé qu'en voulant l'écraser, je me suis foulé le pouce.

— Cal... de tab...!

Et maintenant, c'est Paula la Française qui rigole. Pour une raison que j'ignore, nos blasphèmes les font encore se marrer, nos cousins... Il y a comme un décalage, non ?

Confronté à l'insecte, je me rends compte que je m'étais fait une image irréelle, presque mythique, de l'illustre mouche tsé-tsé. Sûrement à cause de son nom comique, ou de sa tristement célèbre maladie du sommeil, j'imaginais voir apparaître une petite bestiole vert fluo, avec de grands yeux jaunes et des petites ailes de fée, comme dans les dessins animés de Walt Disney.

Déception : la tsé-tsé n'est qu'une mouche.

Une grosse mouche lente, poilue et paresseuse qui, comme une mouche à chevreuil, vous arrache un morceau de peau plutôt que de prendre le temps de se poser confortablement pour vous sucer le sang.

(Parlant de grosse paresseuse, la nouvelle tendance *in*, en Afrique, est à l'obésité ; ouste les grands designers, les bijoux, la soie et le cachemire, la mode est aux tissus adipeux ! Et le slogan est le suivant : si tu ne veux pas avoir l'air d'un sidéen, *be fat, baby*.)

Mais, maintenant que j'y pense... La mouche tsé-tsé, elle m'a piqué ! Est-ce que ça signifie que je m'endormirai pour toujours ? Aïe aïe aïe ! J'ai déjà souffert de la mononucléose, ça compte-tu ? Non ? Au secours !

Le conducteur et guide, Martin le malin, m'explique alors posément que c'est comme pour la malaria et les moustiques : que l'insecte n'était pas nécessairement porteur de la maladie du sommeil, et que je devrais cesser de chialer comme une gamine, et que nous devrions tous nous taire parce qu'en plus des nombreux zèbres et gazelles et dyk-dyks (antilopes naines) que nous ferons fuir, il y a de fortes probabilités qu'aujourd'hui – vu la météo et vu je ne sais quoi – nous croisions le fameux *Swayne* d'Éthiopie (?).

— En safari, c'est comme à la chasse : pour avoir du succès, *you need to shut the f... up* !

Ouais, on a vu ce que cela a donné ce matin, au lac Chamo, le « silence »... quand l'hippopotame nous a attaqués ! Heureusement qu'on a crié pour l'effrayer ! Le bateau était plus petit que son cul...

— Et ton *Swayne*, est-ce que c'est une autre furieuse bête qui va se jeter sur la jeep pour manger le caoutchouc autour des vitres ?

— Mais non, il est herbivore ! Il a de longues cornes noires, il est grand, musclé, au pelage noir et brun... Vous voyez ce que c'est, non ? Tout le monde sait ce que c'est, un *Swayne* !

Bon, encore une fois, il semble que je ne fais pas partie de « tout le monde ». Peut-être que le nom de l'animal est différent dans mon dictionnaire, mais je n'ai aucune espèce d'idée de ce qu'est un *Swayne;* et mon poignet qui commence à enfler m'inquiète un peu plus que la présence, ou non, d'animaux sauvages. Qui a dit que « les petites bibittes ne mangent pas les grosses » ? Je me sens engourdir. Maudite mouche tsé-tsé...

Nous avançons dans la plaine. Comme espéré, les gazelles et les zèbres sont au rendez-vous. Des zèbres impressionnants, dits de Burchell, plus gros que les zèbres normaux; dans la mesure où le terme « normal » s'applique à un animal rayé noir et blanc de 500 kilos qui vit dans un environnement jaune... Camouflage ? Fantaisie ? Ha ! Moi, je suis plutôt porté à croire en une formidable illusion d'optique ou, tout simplement, à un gag de Dieu. Je l'entends d'ici se marrer dans sa barbe blanche.

— Hon hon ! Les zèbres n'existent pas.

PARC nechisar

Puis, au détour d'un troupeau de gazelles, le guide bondit.

— Des *Swaynes!* Regardez, là-bas, sous l'arbre, ce sont des *Swaynes!*

— Aaaahhh! Bon! C'est donc ça qu'ils appellent des *Swaynes!* Bien sûr, c'est logique. Des *Swaynes,* ce sont des... des... des... [3]

(Bruno tombe endormi.)

Zzzzzzzz.

[3] NOTE DE L'ÉDITRICE : DES *SWAYNES,* ██ CE SONT EN FAIT DES *SWAYNE'S HARTEBEEST* OU *ALCELAPHUS* ██ *BUSELAPHUS SWAYNEI :* UNE ESPÈCE EN ██ VOIE D'EXTINCTION, ISSUE DE LA LOINTAINE FAMILLE DES ANTILOPES. EN FRANÇAIS, ON LES NOMME DES BUBALES. LES BUBALES DE SWAYNE SONT L'UNE DES SOUS-ESPÈCES DE CES BOVIDÉS DONT LA DERNIÈRE POPULATION VIT DANS LES PLAINES D'ÉTHIOPIE. ILS RESSEMBLENT DAVANTAGE À DES CHEVREUILS BRUNS QUI SE SERAIENT ACCOUPLÉS AVEC DES VACHES QU'À DE GRACILES ANTILOPES CLASSIQUES.

CHRONIQUE 107

Tribu Hamar — Éthiopie

IL N'Y A PAS QUE LE SEXE ET L'ARGENT DANS LA VIE : IL Y A AUSSI LE POLYSPORIN.

— PROVERBE ÉTHIOPIEN

Samedi
2 septembre
2006

UNE JEUNE
BEAUTÉ HAMAR,
MON EX-FANTASME

Traitez-moi d'obsédé, d'ado attardé ou de vieux cochon, je m'en fiche (comme disait S. Turgeon) : lorsque j'étais plus jeune (jusqu'à hier), j'éprouvais toujours un stimulus pas très catholique en feuilletant les magazines de voyage qui traitaient (en photos...) de tribus africaines où les femmes se promènent les seins à l'air, avec des jupettes en cuir de fesses.

Jusqu'à hier, vous dites, monsieur Blanchet ? Oui, Ma'me Chose ! Aujourd'hui, c'est fini. F-i-n-i, fini. Kapout. *Out de game.* Et ce n'est pas parce qu'elle n'était pas sérieuse, mon histoire de fantasme nègre, loin de là... Jusqu'à hier, je trouvais tellement affolante la beauté des « tribales », avec leurs derrières charnus, bombés comme ceux des chevaux qui ruent, avec leurs tétons fâchés contre la gravité, pointés comme des obus (et je ne parle pas ici de Marcel), qu'à leur seule vue sur papier glacé, le sang me faisait battre les tempes, et j'étais pris d'un rush d'ado qui vient de sniffer du « popper ». (D'accord, j'exagère, mais laissez-moi m'amuser : ici, c'est encore un peu l'été...) Que s'est-il donc passé, en ce mystérieux hier ?

Hier, une nouvelle donnée s'est ajoutée au fantasme. Hier, je l'ai vécu. *Houston ? We have a problem.* Je ne voudrais pas généraliser et mettre toutes les tribus dans le même panier ; mais dans le cas des Hamar, qui sont superbes soit dit en passant, un détail – qui n'apparaît pas dans les revues – est venu saboter la belle fantaisie que j'entretenais avec eux/elles : l'odeur.

J'explique.

La couleur orange brûlé qu'ils s'appliquent sur les cheveux, et parfois sur tout le corps, est fabriquée à partir d'une poudre de pierre broyée (non identifiée), qu'ils mélangent à du beurre non cuit de bufflonne (la femelle du buffle, qu'on peut aussi appeler bufflesse quand elle porte une couronne ou apparaît sur un billet de banque). Or, l'effet du soleil qui plombe et de la moiteur africaine sur le dérivé de « produit laitier » crée un phénomène que j'appelle « ça pue ». Normal, n'est-ce pas ?

Quand je pense aux ceuzes et celles qui prétendent que leur fantaisie consiste à faire l'amour après s'être enduit(e)s de crème fouettée... Ha ha ha! Je ris! Foutaise! Menteurs et menteuses! Si vous l'aviez vraiment fait, ne serait-ce qu'une seule fois, vous sauriez que la *whipped cream* au contact de la peau et dans la chaleur de la passion, vire surette en *saint simonak,* et vite vite vite, à part ça... Au bout de deux minutes, c'est comme si vous vous « aimiez » dans du « régurgit » de bébé. Entoucas.

Mon problème est de nature culturelle, je le reconnais. Probablement qu'eux aussi trouvaient que je dégageais une odeur pestilentielle à cause de mon cologne (Eau d'Issey, par ici, la commandite!) que je m'entête à porter même au fin fond de la savane. Mais lorsque vous ne vous attendez pas à ce que votre nouvelle petite amie sente la tartiflette au reblochon, même avec votre plus gros camion Tonka de bonne volonté, vous ne pouvez vous empêcher d'éprouver un léger malaise olfactif.

Si ça n'avait été que ça...

HAMAR
éthiopie

En arrivant au marché du village, le camion est immédiatement pris d'assaut par les habitants. « Photo ! Photo ! Photo ! » Tous – très agressifs – veulent que vous preniez leur photo, pour laquelle ils exigeront 2 birrs (30 sous). Vous regardez autour : aucune trace de civilisation tribale. Le f#%& de marché est faux. Le village aussi. Bonjour capitalisme. Adieu magie ? Je suis allé m'asseoir à l'écart pour observer de loin le cirque, écœuré. N'y a-t-il plus rien de vrai ! ? ! Un jeune s'est approché doucement. J'ai soupiré fort pour le chasser. Il a insisté. Il m'a montré la plaie qui avait remplacé l'ongle sur son gros orteil. Yark ! Un bobo dé-gueu-lasse ! Infecté à mort.

Hasard ? Dans mon sac depuis une semaine, j'ai un beau tube flambant neuf de Polysporin, merci à Philippe Desrosiers, croisé à Addis. J'ai sorti l'onguent et j'ai badigeonné la blessure du jeune homme. Et... Le miracle a opéré. Bientôt, devant moi, il y avait une file de Hamar de tous les âges et sexes avec les contusions, éraflures et mutilations les plus diverses. En moins d'une heure, j'avais vidé le tube, j'avais fait rire les enfants et j'avais reçu au moins dix beaux becs de grands-mamans.

J'étais guéri.

POURQUOI CETTE VIOLENCE INOUÏE ?

CHRONIQUE 108

Kampala — Ouganda

DIMANCHE, DANS LE VILLAGE D'UNE TRIBU HAMAR, J'AI VU UNE ADOLESCENTE SE FAIRE FOUETTER PENDANT UN RITUEL INITIATIQUE, ET MON PETIT CŒUR DE NORD-AMÉRICAIN A FAILLI. SCHLAC ! LA JEUNE FILLE HURLE. SCHLAC ! LA CANNE FEND LA PEAU. SCHLAC ! HORREUR. ARRÊTEZ. SCHLAC ! JE VOULAIS ME LEVER ET ALLER PÉTER LA GUEULE DU TORTIONNAIRE-PRÊTRE-SORCIER-HORRIBLE-INDIVIDU, QUAND UNE CHOSE SENSÉE M'A TRAVERSÉ L'ESPRIT : « MÊLE-TOI DE TES AFFAIRES, LE CLOWN, T'ES PAS CHEZ VOUS. »

Samedi
9 septembre
2006

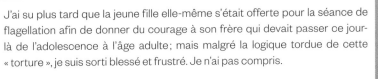

J'ai su plus tard que la jeune fille elle-même s'était offerte pour la séance de flagellation afin de donner du courage à son frère qui devait passer ce jour-là de l'adolescence à l'âge adulte ; mais malgré la logique tordue de cette « torture », je suis sorti blessé et frustré. Je n'ai pas compris.

Lundi, rien de particulier.

Mardi, un homme qui avait volé un téléphone cellulaire à Kampala, la capitale de l'Ouganda, a été lynché par la foule. On l'a battu et brûlé vif. Ils appellent ça ici la « mob justice ». Personne ne sera condamné pour le crime.

Et je ne comprends toujours pas.

Mercredi matin, au lever du soleil, j'ai reçu une poule sur la tête. Poc ! Une poule. Hein ? Tombée du ciel ! ?! Est-ce que ça porte bonheur ? Je l'ignore. Mais ça surprend. Et puis ? Et puis, c'est tout. Voilà. L'histoire pourrait s'arrêter ici. Fin. Tout le monde retourne vaquer à ses occupations et oublie l'anecdote dans trois, deux, un…

Car ce n'est quand même que d'une poule et d'une tête dont nous parlons ! Pas d'un fouet et d'une enfant…

Une poule dans un arbre. Elle tombe. La gravité l'attire vers le sol. Bruno passe sous l'arbre. En Ouganda. La scène aurait été filmée qu'elle aurait peut-être gagné une médaille de bronze ou un couvercle de toilette à *Drôles de vidéos,* sans plus.

Mais, comme la pomme sur la tête de Newton, la poule a allumé une ampoule. Bing !

« Hein ? Une poule dans un arbre ? Que faisait donc une poule dans un arbre ? ! ?! »

Après réflexion, j'ai déduit qu'en Afrique les poules dorment dans les arbres parce qu'elles ne veulent pas se faire manger par les chats sauvages… Les chats sauvages qui dorment le jour, et ne sortent que la nuit par crainte de se faire attraper par l'homme, qui lui dort sous un moustiquaire, parce qu'il craint la vipère noire, que craint aussi le singe qui est lui-même craint par l'écureuil qui craint la couleuvre qui mange les tisserands qui craignent le *hornbill* qui brise leur nids et s'empare des rejetons qu'il déguste vivants au bord du lac en compagnie d'aigles pêcheurs qui déchiquètent de gros poissons.

Voilà ! C'est la beauté de la nature africaine : le spectacle de la survie, de la vie et de la mort, en direct, et dans toute sa violence inouïe.

Poc ! Et j'ai compris... Qu'il n'y avait pas de temps à perdre. J'ai compris que si j'avais envie de quelque chose, là, maintenant, je devais le concrétiser. Tout de suite. Avant de me faire bouffer. *Parce que je me ferai bouffer, de toute manière.*

Je me suis amené à l'écart, dans un coin de ma mémoire, et je me suis demandé :

— *À quoi as-tu rêvé, Bruno ?*

Jeudi, je me suis acheté une bicyclette. Une grosse bécane de marque Hero, *« made in India »,* sans vitesse, mais avec un bon porte-bagages, qui ressemble au vélo de Pee-Wee Herman dans *Pee-Wee's Big Adventure.* Un truc solide, avec cadre en acier et mécanisme d'une simplicité remarquable ; mais aussi affreusement lourd, qu'on pousse plus qu'on chevauche, pareille aux bicyclettes qu'utilisent les ouvriers chinois, indiens et africains *(of course),* pour porter des cages à lapins, et des kilos de plantain.

Et je l'ai aussitôt baptisée du nom que j'avais choisi pour mon âne : Fidèle.

Je sais que je vais souffrir en masse (j'ai encore mal aux chevilles en pensant à mon périple en patins à roues alignées au Japon !), et que de croire pouvoir parcourir les 5000 km qu'il me reste jusqu'au Cap au guidon de ce fougueux destrier Hero frise le ridicule. Et c'est précisément l'idée ! Au moins, je ferai rire les autochtones !

« ...and we can be heroes, just for one day. »

Vendredi, je suis parti. Cent dix kilomètres. Je suis tombé dans la garnotte, j'ai le dos en compote et le genou gauche qui prend déjà l'eau ; les camions me frôlent de trop près et me font paniquer, mes freins ne valent pas de la m..., et j'ai un grotesque coup de soleil derrière les mollets, parce que je ne me suis pas mis de crème solaire, car je suis un gars, et je crois encore que le poil fait de l'ombre. Mais abstraction faite de la douleur et des ratés, les centaines de personnes qui ont souri à mon passage et à celui de Fidèle m'ont donné raison : j'ai amorcé aujourd'hui la plus belle de toutes mes folies.

Salut, ma poule.

MA BICYCLETTE ATTENDANT SON MAÎTRE, SUR LA LIGNE DE L'ÉQUATEUR !

MA PREMIÈRE MALARIA

CHRONIQUE 109

Masaka — Ouganda

SUFFISAIT QUE JE ME PROCLAME INVINCIBLE POUR QUE LE SORT
ME RENTRE DEDANS ET M'OFFRE MA PREMIÈRE MALARIA.
MERCI LA VIE ! (J'ALLAIS RENOMMER LA CHRONIQUE « *LA FOURCHE
AUTOUR DU MONDE* », ALORS C'EST PEUT-ÊTRE MIEUX AINSI...)
AUJOURD'HUI, NOUS PROFITERONS DONC DE LA MALADIE POUR
FAIRE UNE EXPÉRIENCE INÉDITE : LE TEXTE QUI SUIT SERA
ENTIÈREMENT ÉCRIT SOUS L'EFFET DÉLIRANT DE LA MALARIA.
FRICHTMAPJSOUR !

**Samedi
16 septembre
2006**

Je suis à Masaka, en Ouganda, sur la route qui mène à la Tanzanie. Je me suis arrêté ici hier, à l'heure du lunch. J'avais commencé à avoir des frissons, le matin sur le traversier. Je m'étais dit que ça devait être dû à la fatigue, après la fête de la veille au Hornbill Camp (à Kalangala, sur les Ssese Islands au milieu du lac Victoria), un de ces rares endroits où j'aurais volontiers passé le reste de ma vie. Ma cabane en Ouganda ! J'habitais le banda (bungalow) du bonheur, sur une plage de sable blanc, et je me suis fait de beaux amis qui sont devenus une famille... Snif !

Malheureusement, le Hornbill Camp n'existe plus. Quelques mois après mon passage, le propriétaire, un gentil Hollandais prénommé Loek, s'est fait jouer un sale tour par les autorités ougandaises comme c'est le cas avec de nombreux hommes d'affaires étrangers qui essayent de mettre sur pied des entreprises dans ce pays miné par d'incroyables problèmes de corruption. Depuis des années, il était bien installé, tranquille, après avoir acheté le terrain, payé tout le monde et rempli tous les formulaires d'usage. Son camping marchait à bloc, grâce aux critiques favorables dans de nombreux guides de voyage, et parce que c'était franchement cool. Loek, qui n'employait que des natifs de la région, avait réussi à intégrer le lieu à l'environnement, et à la localité, tout en y ajoutant une touche de confort à l'européenne. Un petit coin de paradis, où l'on profitait vraiment du meilleur des deux mondes ! Mais, malgré ses efforts et son succès, et malgré ses nombreuses démarches, Loek n'avait jamais reçu LE papier : celui qui le désignait légalement « propriétaire des lieux »...

Puis, un jour, ont commencé les problèmes. À côté de son camp s'est installé une espèce de sous-ministre, un bandit qui avait détourné l'argent d'une subvention destinée à fournir en électricité le village voisin de Kalangala. L'homme, qui avait aussi récupéré l'ensemble des panneaux solaires prévu au projet, a acheté le beau grand terrain boisé avoisinant, a coupé les arbres, puis a fait bâtir une vingtaine de petits bungalows de luxe. Son « lodge » était d'abord destiné à accueillir les « officiels » du gouvernement, pour des week-ends de « meetings ». En d'autres mots, c'était un bordel. Des prostituées de la capitale avaient été parachutées là-bas, et à tous les soirs, on y faisait la fête, avec musique assourdissante et *sex on the beach*... Fini le paradis ? Pas tout à fait ! Le Hollandais résistait encore ! Il aura fallu une dispute entre les prostituées du village, et celles de Kampala, pour faire basculer le cours des événements. Parce que, comme l'endroit commençait à être « chaud » et à attirer un peu trop l'attention, le sous-ministre en question a décidé de le transformer en camp pour touristes, voyant bien que cela réussissait à son voisin. L'arnaqueur a alors posté de beaux jeunes hommes, et de belles jeunes filles sur la plage afin d'intercepter les voyageurs qui se dirigeaient vers le Hornbill Camp, en leur offrant des rabais substantiels et en leur faisant croire que SON lodge était véritablement le Hornbill Camp... Les affaires ont commencé à péricliter pour Loek. Et lorsqu'il fut au bord du gouffre, des représentants du gouvernement sont passés chez lui, et ont exigé LE papier. Loek n'avait plus la force, ni l'envie de se battre.

RIP, Hornbill Camp. (Merci Loek, pour ton accueil extraordinaire, et ton grand courage.)

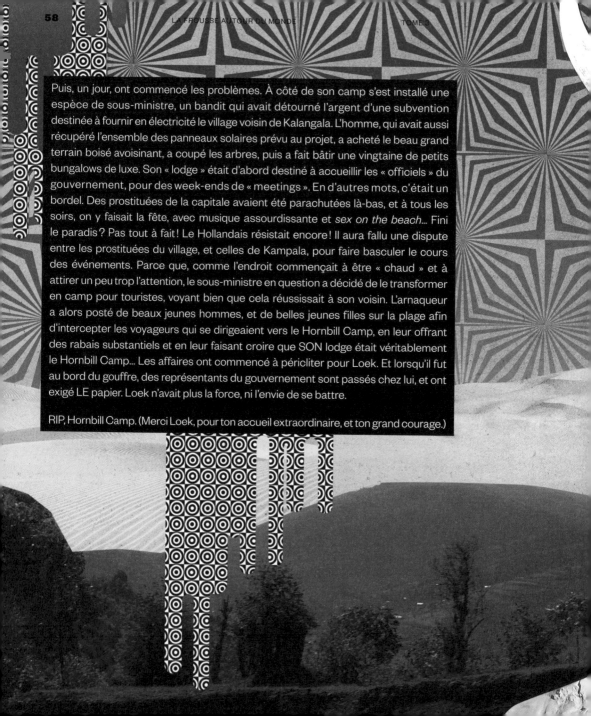

Or, hier, après une soixantaine de kilomètres en vélo, je me sentais plus éreinté qu'à l'habitude. Courbatures. Mauvaise humeur. Douleurs musculaires. Masaka ? Stop. À l'hôtel Le Nova, je me suis déshabillé et je me suis étendu sur le lit. À 16 h, je tremblotais. Chaud-froid, chaud-froid, comme un début de vilaine grippe.

À 18 h tapantes, j'ai implosé. D'un seul coup, paf ! J'étais en feu. On aurait pu faire cuire un œuf ET du bacon sur mon front. Et pourtant, j'étais frigorifié. Dans la demi-heure, sans bouger d'un poil, j'avais mouillé les trois couvertures du lit. Elles étaient trempées de bord en bord ! Et je délirais. Je m'imaginais en train de liquéfier. J'allais rentrer à la maison dans un petit pot de confiture. Du jus de Bruno ! Couché dans un bain de sueur, pendant les moments de lucidité, j'aurais voulu avertir la réception de l'hôtel que j'étais en train de mourir, mais la fièvre était tellement intense que j'étais incapable de tourner la tête ou de lever la main pour saisir le téléphone. Tout ce que je pouvais faire était « aaaaaaaaah » avec ma bouche. Mais pas trop fort, parce que ça faisait mal... Je sentais la chaleur de la fièvre d'abord envahir, puis quitter mon corps, comme une vague ; et, chaque fois que c'était au tour de ma tête de bouillir, j'avais peur qu'elle éclate. Vraiment ! J'étais terrorisé. Et très énormément seul.

Mais pas du tout surpris...

Car depuis que je suis parti de Montréal, je m'attends à l'attraper, la malaria... Parce que je voyage dans des régions où la malaria fait rage, et je ne prends pas de pilules anti-malaria. Coupable ! Mais la malarone et moi, nous ne faisons pas bon ménage. Maux d'estomac. Sommeil dérangé. Humeur massacrante. Et paraît que l'alternative, le Lariam, rend fou. Je n'ai donc aucune autre excuse que celle d'être, je le crois, suffisamment cinglé.

(Lorsque j'étais maître-plongeur aux Îles Fidji, j'ai rencontré un Américain, appelons-le Mike, qui venait de passer neuf mois en Afrique. Et pendant son séjour, Mike avait gobé du Lariam chaque semaine... Vous auriez vu le pauvre homme ! Il prétendait qu'avant son périple africain, il était normal. Mais ce n'était plus le cas, je vous le jure... Mike était pris d'une angoisse terrible, qui le faisait ressembler en permanence à un chevreuil surpris par les phares d'un pick-up ; et il devait combattre une peur maladive qu'il n'arrivait pas à expliquer, sinon par l'abus du Lariam : Mike avait peur de dormir tellement ses cauchemars étaient effrayants. En bonus, il avait de sérieux problèmes de mémoire vive : un matin, 15 minutes après avoir préparé son équipement de plongée, il était venu me voir pour me demander s'il avait préparé son équipement... Rassurant ! Surtout qu'après le petit-déjeuner, on devait partir plonger, ensemble, à trente mètres de profondeur, dans le tunnel du *Great White Wall*... Te souviens-tu comment remonter à la surface, mon Mike ? Par en haut ! Bref, tout ça pour dire, lisez les instructions sur les boîtes de médicaments !)

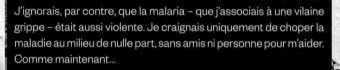

J'ignorais, par contre, que la malaria – que j'associais à une vilaine grippe – était aussi violente. Je craignais uniquement de choper la maladie au milieu de nulle part, sans amis ni personne pour m'aider. Comme maintenant...

Donc, de fièvre hallucinante, et déjà assez insupportable merci, le supplice malarien a évolué. Chacune de mes articulations s'est mise à élancer comme si j'étais victime d'un écartèlement. Mes « aaaaaaah » sont devenus des « OUH ! AH ! ». J'aurais voulu m'étirer ou me tordre pour échapper à la torture, mais j'étais toujours paralysé. Et sur le point d'abandonner. Je meurs aujourd'hui ? Bof, je suis assuré.

— Au revoir ! Et vous vous achèterez une télé à écran plat !

ER

2

Heureusement, au bout d'un temps indéterminé (la nuit était tombée), la douleur a commencé à diminuer. Capable de me mouvoir un peu, j'ai nagé jusqu'au bord du lit, et je me suis jeté par terre. J'entendais des voix dans le corridor. J'ai rampé jusqu'à la porte, et j'ai cogné. La grosse madame de l'hôtel a ouvert. Elle a tout de suite compris que le monsieur blanc à quatre pattes en bobettes mouillées dans la noirceur ne se sentait pas très bien. Même si tout ce qu'il pouvait lui dire ressemblait à « frichtmapjsour ».

Elle m'a aidé à me remettre au lit. Elle m'a bordé. Elle m'a posé une débarbouillette mouillée sur le front. Elle est sortie et est revenue avec mon cocktail de pilules, un verre d'eau et un grand sourire réconfortant. Elle s'est installée sur une chaise à côté du lit avec son Coke et son pop-corn pour veiller sur moi jusqu'à ce que je m'endorme.

Maudit que le monde est fin.

OUGANDADA, LE ROYAUME DE L'ABSURDE

CHRONIQUE 110

Masaka — Ouganda

MERCI POUR VOS BEAUX SOUHAITS DE PROMPT RÉTABLISSEMENT ! LA SEMAINE DERNIÈRE, VOTRE AVENTURIER PRÉFÉRÉ L'A PASSÉE AU LIT, À RÉCUPÉRER DE MALARIA, QUI, APRÈS LE CHOC INITIAL, SE TRANSFORME EN « QUATRE JOURS DE MAUX DE TÊTE LANCINANTS, DE POUSSÉES DE FIÈVRE ET D'ÉCŒUREMENT TOTAL » ... MAIS IL N'A PAS CHÔMÉ, OH NON ! TOUJOURS À VOTRE SERVICE, LE PETIT SOLDAT !

Samedi
23 septembre
2006

J'en ai profité pour lire des journaux. Plein de journaux. Des sérieux, des jaunes, des roses. Et je me suis vraiment bi-don-né. Je croyais avoir assisté au summum du Grand-Guignol ougandais, avec le documentaire *Idi Amin Dada* de Barbet Schroeder (disponible à la Boîte Noire, un vrai régal), mais force est de constater que le délire n'est toujours pas terminé.

Bienvenue en Ougandada, le royaume de l'absurde, de l'incompétence crasse et de la corruption.

Un fou dans une poche

Un juge ougandais, qui était appelé à comparaître relativement à une affaire de corruption l'impliquant, a menacé d'exposer au grand jour un racket mettant en vedette des policiers, des avocats, d'autres juges et des ministres du gouvernement. Pour le faire taire, on lui a offert de présider… son propre procès ! Verdict ?

Devinez.

UNE DISCO MOBILE LITTÉRALEMENT MOBILE

L'œuf ou la poule ?

Les membres du Parlement (ils sont plus de 300), qui avaient reçu une allocation pour l'achat d'une voiture l'an dernier, réclament maintenant 35 000 $ US chacun pour l'achat d'un 4X4. Raison invoquée ? Les routes sont en trop mauvais état…

Sommet du ridicule

L'année prochaine, le Sommet des chefs d'État du Commonwealth se tiendra à Kampala, en Ouganda. Pour assurer la sécurité et le confort de la reine d'Angleterre et autres délégués, on obligera tous les fonctionnaires ougandais qui seront en contact plus ou moins direct avec la reine à suivre un cours de bonnes manières, afin de respecter les nouveaux règlements : pendant sa visite, il sera interdit de « la regarder avec insistance », il sera interdit de « boire ou de manger bruyamment », il sera interdit de « tousser », « d'aller aux toilettes trop souvent » ou de « se gratter n'importe quelle partie du corps située sous l'abdomen ». Authentique ! Vous imaginez le cours ?

— OK là, on va dire que la reine passe, OK, et que le sac te pique... Okumu, qu'est-ce que tu fais dans ce temps-là ?

— Euh... Je tousse ?

— Tu tousses ?!?

— Ben oui ! Je tousse. Comme ça, je me fais mettre dehors, pis je peux aller me gratter la poche aux toilettes.

Pardon ?

À toutes les années paires, c'est le Festival de la circoncision, le *Imbalu*, à Mbale, où des dizaines d'adolescents se font trancher le prépuce en public, et sans anesthésie, pour devenir des hommes... Le ministre de la Défense qui assistait à la cérémonie cette année a affirmé que la circoncision « préparait les jeunes au défi de se trouver un emploi dans l'avenir ».

Pardon ?

On ne s'en sort pas

Un jeune homme qui avait échappé à la circoncision en se sauvant du village, trois ans auparavant,
a été reconnu par d'anciens amis dans une
ville voisine. Ils l'ont capturé, lui ont baissé le
pantalon et, en pleine rue, l'ont circoncis devant
tout le monde, avec une machette rouillée et des
ciseaux à bouts ronds.

Le retour des morts-vivants

Un homme a été sauvé de justesse par la police, après qu'une
meute en colère l'eut assailli, parce qu'il attendait l'autobus en
mangeant un bras de bébé.

The Burger Kings

Les Ougandais appellent leur
pénis un « whopper ».

MON BANDA
en ouganda

Inspiration divine ?

Robert Kayanja, le pasteur du Rubaga Miracle Center, à qui certains médias reprochaient d'avoir utilisé l'argent de ses fidèles pour se bâtir un palais digne des Mille et une nuits au bord du lac Victoria, leur a servi cette brillante réponse : « Mêlez-vous donc de vos affaires. »

Fin du débat.

[4] NOTE DE L'ÉDITRICE : ÇA, C'ÉTAIT EN 2006 ! MAIS MAINTENANT, C'EST PLUS DE 1 000 $ US...

Y a-t-il un médecin dans la salle ?

Ils ont en moyenne sept enfants par famille, un revenu annuel brut de 270 $ US par habitant[4], un problème grandissant de sida... Le monde meurt dans la rue, la population devrait doubler d'ici 2025 et, pourtant, dans un document sponsorisé par les églises des « pays riches » et destiné aux jeunes Ougandais du secondaire, nulle part n'est-il fait mention de condoms.

Amen.

Ma famille
au camping

15-love

Pour les hommes ougandais, il n'y a qu'un seul style de coiffure : le coco rasé. Je suis allé chez le barbier et j'ai dit « court ». Avec une raquette de tennis, légèrement de profil, je ressemble maintenant à Andre Agassi.

RIEN À SIGNALER

CHRONIQUE !!!

Bukoba — Tanzanie

J'AI REPRIS LE VÉLO ET, LE PREMIER MATIN, JE ME SUIS TAPÉ UN BON
COUP DE SOLEIL SUR LE DESSUS DES MAINS. JE N'Y AVAIS PAS SONGÉ
À CELUI-LÀ… BRILLANT ! AU MILIEU D'UN PONT, JE ME SUIS ARRÊTÉ POUR
MANGER UN FRUIT DE LA PASSION. IL Y AVAIT LA SILHOUETTE D'UNE
ÉGLISE EN RUINES, À L'HORIZON. LE CLOCHER TORDU PENCHAIT COMME
LA TOUR DE PISE. ON AURAIT DIT DU GAUDI IVRE. OU UNE ŒUVRE
DE DALI… LA CATHÉDRRRRRALE MOLLE ! AVEC UN GROS BALLON ROUGE
EN GUISE DE CLOCHE, ET UN CURÉ EN SOULIERS DE PATOF !

**Samedi
30 septembre
2006**

ENTRY
VISA

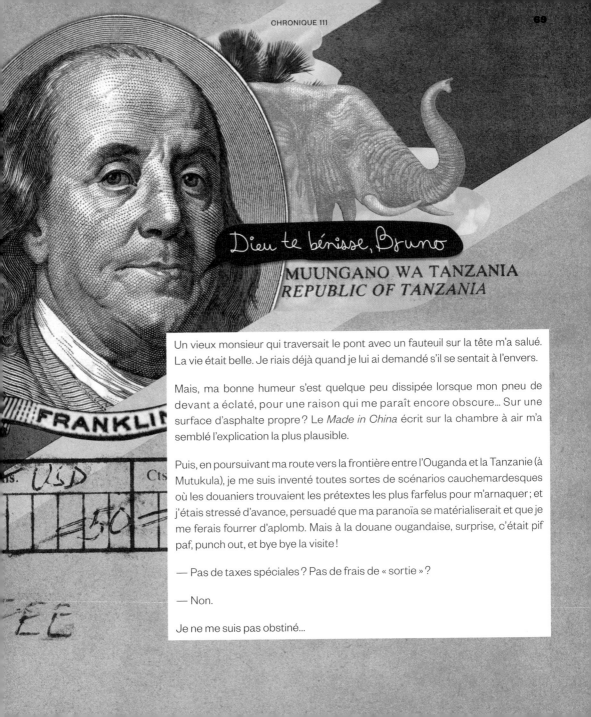

Dieu te bénisse, Bruno

**MUUNGANO WA TANZANIA
REPUBLIC OF TANZANIA**

Un vieux monsieur qui traversait le pont avec un fauteuil sur la tête m'a salué. La vie était belle. Je riais déjà quand je lui ai demandé s'il se sentait à l'envers.

Mais, ma bonne humeur s'est quelque peu dissipée lorsque mon pneu de devant a éclaté, pour une raison qui me paraît encore obscure... Sur une surface d'asphalte propre ? Le *Made in China* écrit sur la chambre à air m'a semblé l'explication la plus plausible.

Puis, en poursuivant ma route vers la frontière entre l'Ouganda et la Tanzanie (à Mutukula), je me suis inventé toutes sortes de scénarios cauchemardesques où les douaniers trouvaient les prétextes les plus farfelus pour m'arnaquer ; et j'étais stressé d'avance, persuadé que ma paranoïa se matérialiserait et que je me ferais fourrer d'aplomb. Mais à la douane ougandaise, surprise, c'était pif paf, punch out, et bye bye la visite !

— Pas de taxes spéciales ? Pas de frais de « sortie » ?

— Non.

Je ne me suis pas obstiné...

À l'immigration tanzanienne, autre histoire. Après m'être faufilé entre des rangées et des rangées de véhicules lourds chargés de fruits, de bois, de pétrole et de je-ne-sais-quoi, qui semblaient figés dans le temps depuis des semaines, voire des mois, à attendre leur droit d'entrée en Tanzanie, et après avoir déjoué les dizaines de changeurs de billets, qui m'offraient tous un taux de change complètement ridicule en essayant de me faire croire que de l'autre côté de la frontière, je ne trouverais ni comptoir de change, ni banque, je suis finalement arrivé au cabanon du douanier. Et quand je dis cabanon du douanier, je dis « cabanon du douanier ». Parce que le douanier est posté dans un cabanon. À l'écart, au milieu du champ, derrière l'affiche qui indique IMMIGRATION. Je connais des gens qui rangent leur tondeuse dans des hangars plus grands et plus spacieux ! Forcément, en apercevant cela, j'en conclus immédiatement que cet homme aura sans doute besoin d'argent, *tsé veux dire...*

— Jambo bwana !

— Jambo mzungu !

Comme je n'ai pas le visa, je dois payer 50 $ US. Mais ça, je le savais. Je sors un beau billet de 100 $ flambant neuf, même pas plié (prenez toujours soin de vos billets — s'ils sont froissés, on peut vous les refuser — et n'acceptez rien de plus vieux que 2003), et le montre au douanier, qui me regarde de travers. « Vous n'avez pas de billet de 50 $? » Bon. Voilà le truc. Ça va me coûter 100 $ US, j't'e gage ? L'homme part. Où ? Je ne sais pas. Mais il revient au bout de 15 minutes, avec la monnaie, un beau 50 piasses en petites coupures ! Il me donne l'argent, étampe mon passeport et me souhaite un bon séjour en Tanzanie. C'est tout ? Excellent ! Je sors du bureau, souriant, et exit les scénarios apocalyptiques ! Sauf que je mets la main dans ma poche, et je réalise que... j'ai toujours mon beau 100 $ US flambant neuf. Le douanier a oublié de prendre mon argent ! C'est moi qui suis en train de l'arnaquer !! Ha ha ha !

Sur le pas de la porte du cabanon, j'ai un moment de réflexion.

Est-ce que je peux prétendre que je ne m'en suis pas rendu compte ? Est-ce que je me sauve ? Suis-je capable de vol ? Et si je ne m'en étais pas aperçu ? Qui devra payer pour l'erreur ? Et si la situation était inversée... Si j'étais lui, et lui, moi ?

J'ai tourné les talons, et j'ai posé mon 100 $ US sur le comptoir, discrètement, pour ne pas que ses collègues le sachent. Et j'ai murmuré :

« *I think you forgot something.* »

Le douanier a rougi. J'imagine qu'il s'est vu, en un éclair, perdre son emploi, devenir la honte de sa famille et travailler pour son beau-frère qu'il déteste, à pelleter de la bouse de vache 12 heures par jour...

Il m'a tendu la main.

« Dieu te bénisse, Bruno. »

J'ai enfourché mon vélo, fier de ma bonne action, le cœur léger. Deux soldats sans fusil m'ont ouvert la barrière. Un des deux portait un t-shirt de Bob Marley. *Jah Love!* La Tanzanie était belle. Les Tanzaniens, gentils. Sur une montagne, après une grimpe difficile, dans un restaurant qui servait des beignes et du café, un garçon s'est invité à ma table.

« *Where are you from?* »

« Je viens du Québec. Québec, Canada. »

« Wow! Attends-moi une minute! »

Le garçon est sorti en courant. Il est revenu avec une mine réjouie. Il m'a demandé si je pouvais lui changer son argent canadien en shillings tanzaniens. J'ai répondu oui, pourquoi pas.

« C'est un client du Canada qui m'a donné des dollars de ton pays! »

Et il m'a tendu un billet de deux dollars du... Canadian Tire!

Wow! Je pensais voir débarquer Marcel Béliveau. Où sont les caméras?!? Suis-je vraiment en train de vivre cet instant magique d'humour absurde?

En fin d'après-midi, après trois heures de pédalage mollo, arrivé à Bukoba, je me suis loué une chambre. Dans un motel au bord de la plage. Avec vue, de mon lit svp merci, sur le lac Victoria. Dans deux jours, je repartirai en direction du lac Tanganyika. Six cents kilomètres. Dont 150 à travers un parc national où abondent les éléphants, les girafes et les lions. Dangereux? Oui.

Mais je ne crains pas les lions. J'ai appris un truc. Tu leur rentres la main dans la bouche, tu leur saisis la langue, tu tires de toutes tes forces et, *floc!* tu les vires à l'envers, comme des bas sales.

En attendant, comme je vous le disais, rien à signaler.

ET C'EST REPARTI !

CHRONIQUE 112

Quelque part en Tanzanie

JE SUIS AU SOMMET D'UN MONT SANS NOM, EN TANZANIE ET,
À MES PIEDS, UNE PLAINE SE DÉPLOIE VERS L'OUEST JUSQU'À LA
PLANÈTE VÉNUS. LE VENT SENT LE CAFÉ BRÛLÉ ET L'ANANAS.
SI J'OUVRE LES BRAS, JE TOUCHE LE MALAWI ET LE KENYA.
JE SUIS GÉANT. J'AI DANS LA TÊTE UN CONTINENT.

**Samedi
7 octobre
2006**

« Si vous vouliez faire une tarte aux pommes à partir de rien, il vous faudrait d'abord créer l'univers », a écrit Carl Sagan.

Un coup de pédale. Un autre coup de pédale. Jamais le même. Du feu dans les muscles. Et un air de Neil Young pour me transporter.

« *It's better to burn out than to fade away. My my, hey hey... Rock and roll is here to stay.* »

Tout à fond.

Mini-Brune

Je pédalais au milieu de girafes hier. J'étais mini-Brune ! Minuscule et émerveillé comme un bébé. Dire que, deux semaines auparavant, fiévreux de malaria et tordu par la douleur, je me traînais sur un plancher en sous-vêtements mouillés, comme Isabella Rossellini au milieu du salon dans le film *Blue Velvet*, à moitié nue, prisonnière d'une toile de Francis Bacon. Hier, les cheveux au vent, je goûtais à la féerie naïve d'un tableau du Douanier Rousseau, assis dans la loge VIP.

« C'est beau, c'est beau, c'est beau ! »

De grosses larmes de crocodile me tombaient sur les cuisses. J'ai été obligé de m'arrêter parce que je ne voyais plus le chemin.

Satanée liberté. J'ai failli planter.

Tanzaniaiser

Je me suis procuré un livret de « phrases utiles » en swahili et, comme je le faisais en Chine avec mon *phrasebook* chinois, je m'amuse à dire n'importe quoi pour dérider les autochtones. Ça détend et ça permet de rigoler, sans se moquer de personne.

Or, l'autre matin, à un kiosque de fruits et légumes tenu par une belle grosse madame Aunt Jemima, j'ai sorti mon petit livre et je me suis mis à lire à haute voix des phrases tirées de la section « À l'hôpital », en pointant en direction des bananes (ndizi).

« Prenez une grande inspiration et retenez votre souffle. »

La dame derrière le comptoir a sourcillé, l'air incertain. J'en ai remis.

« J'ai rendez-vous avec le docteur ? Une pilule aux quatre heures ! »

Étonnée, cette fois, elle a amorcé une risette. J'ai insisté.

« Pouvez-vous réparer mon dentier, s'il vous plaît ? »

Et celle-là a fonctionné. Elle a ricané comme la madame du parc Belmont. Et ça m'a permis de découvrir que le mot « docteur », en swahili, c'était *daktari*. Oui, *Daktari*! Vous vous souvenez de la série télé? Allez, tout le monde ensemble, on pousse un long soupir nostalgique dans 3, 2, 1... Aaaaaaah, le bon vieux temps des œuvres inspirées par le LSD! Au pays des géants, Les envahisseurs, Temporel, Perdus dans l'espace... « Danger, danger, Will Robinson! »

Party time

J'en connais qui seraient heureux en Tanzanie... La marijuana se vend en sac de poubelle jaune orange, une grosse bière coûte moins de 60 cents, tu peux acheter un paquet de cigarettes pour 75 sous et, dans une caisse de 24, il y a 25 bières.

QUIZ :
DANS *DAKTARI*,
COMMENT
S'APPELAIT LE LION
AVEC LES YEUX
CROCHES ?

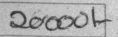

RÉPONSE :
CLARENCE

La télécommande

À la télé africaine, il existe une chaîne où, pendant la nuit, on diffuse des DVD pirates de films américains populaires récents. Très récents...

C'est drôle, parce que tu vois d'abord apparaître le menu du DVD à l'écran, comme à la maison, sauf que c'est quelqu'un d'autre qui pèse sur *play*. J'ai regardé le troisième volet des *X-Men*, l'autre soir. Un film qui est encore à l'affiche ! J'ignore comment ils font, les pirates, mais je soupçonne qu'un de ces quatre jeudis, on puisse voir des films qui ne sont pas encore finis...

Cela dit, excellente qualité d'image. Bon son. Le seul problème, c'est qu'à toutes les 10 minutes, quelqu'un mettait le film à pause pour aller pisser.

Les nerfs

« Mais n'étiez-vous pas supposé aller pédaler avec les lions, monsieur Blanchet ? »

Bien sûr ! Vous ai-je déjà menti ? On y arrive, et d'ailleurs, vous verrez que ça ne pressait pas tant que ça...

ana

P. O. BOX
Tel: 026-2321199, FAX:

RECEIPT

20-176-807

VRN: 12-0076

No.   Date: 10/10/06

3296   BRUNO   BLANCHET

Received from M/s

SAUCISSE À COCKTAIL

19

26

Muleba à Kizramuyaga — Tanzanie

« KIZRAMUYAGA NI KARIBU ? »

VINGT FOIS QUE JE POSE LA QUESTION. VINGT FOIS QU'ON ME RÉPOND : « OUI, MZUNGU (MONSIEUR BLANC), LE VILLAGE DE KIZRAMUYAGA EST PRÈS D'ICI. »

**Samedi
14 octobre
2006**

Ah oui? Après trois heures de grimpe atroce sur une route inexistante, à court d'eau et à bout de forces, le mzungu commence à s'interroger sur la compatibilité de nos notions de distance...

Les 600 kilomètres que je planifiais parcourir en moins de 10 jours (ha! ha! ha!) se sont transformés en véritable cauchemar beaucoup plus rapidement que prévu : le pavé a disparu au bout de 60 km, le terrain est devenu sablonneux après 100 km et, maintenant au 132e kilomètre, je me retrouve à l'orée d'une forêt sombre et dense, qu'il est fortement déconseillé de traverser, à moins de faire partie d'un commando spécial de l'armée, d'être accompagné du *A-Team* ou de connaître le langage des grands félins de l'Afrique subéquatoriale, comme le docteur Dolittle, pour pouvoir flatter les lionnes dans le sens du poil lorsqu'elles vous méprennent pour une saucisse à cocktail.

D'habitude, j'ai le réflexe punk de me moquer un peu des avertissements (ce n'est pas seulement à la maison qu'on se raconte des peurs!), mais cette fois, le danger semble réel. Ce matin au resto, après avoir expliqué mon itinéraire à la serveuse et lui avoir demandé ce qu'elle en pensait, elle a écarquillé les yeux, et m'a lancé :

« *You are going to die!* »

Dramatique? À qui le dites-vous! Aussi intense que le vieux monsieur de la station d'essence, au milieu de la forêt, dans le film *Massacre à la scie,* deuxième partie.

En plus (autres soucis), à cause de la poussière et de la boue (parce qu'il pleut des cordes la nuit), mon pédalier craque et grince et clique-ti-claque comme un centenaire arthritique avec un dentier mal ajusté qui déboule les marches de l'Oratoire. En conséquence, à chaque nid-de-poule (ici d'autruche), ma chaîne débarque. Finalement, j'ignore ce que j'ai avalé de travers à Muleba (le mouton cuit dans sa laine?), mais il faut que je stoppe aux 500 pieds pour laisser de l'engrais... Comme j'ai les doigts noirs de graisse, je n'ose pas imaginer le reste.

En résumé, le soleil proche couché, samedi, je suis *nowhere,* je n'ai ni sac de couchage, ni tente (parce que j'ai choisi d'avoir foi en la générosité humaine et j'ai fait le pari que, à chaque soir, je trouverais un toit), j'ai faim et je fais dur. Un lecteur (Nelson H., H pour Hamburger, dit-il!) me demandait dans un courriel « ce que je f'rais si je me r'trouverais coincé au milieu de nulle part ».

Voilà. J'aurais faim et je ferais dur! Et dire qu'il y avait une auberge 15 kilomètres plus tôt! Trop tard pour une remise en question...

« *God bless you* », m'avait souhaité le douanier tanzanien? Parfait. J'aurais besoin de « *God bless, right now!* »

Beeeep beeeep! Le son d'un lointain klaxon me rappelle que je roule au beau milieu de la route. C'est curieux comme on développe une relation singulière avec le klaxonnage quand on voyage à vélo. À partir d'un pout pout ou d'un biiiiiiiiiiiip, je peux maintenant établir avec précision l'humeur du chauffeur, la vitesse et la grosseur de son véhicule; et, après avoir exécuté rapidement une règle de trois, je peux choisir de me tasser doucement en envoyant la main, ou me précipiter dans le fossé. Ce dernier klaxon, que j'associe immédiatement à un pick-up truck, exprime une compassion toute particulière, une douceur presque, et je suspecte que le bolide ralentira à ma hauteur...

Mon analyse s'avère exacte. Par contre, je n'avais nullement prévu qu'il y aurait le mot « Jésus » peint sur le capot du camion et que, derrière le volant, se trouverait un... curé!

Et Dieu n'avait pas fini d'en mettre.

« *Are you going to Kiziramuyaga, my son?* » me demande le prêtre tanzanien.

— Oh my God... Bien sûr, mon père, que je balbutie, incrédule.

— Veux-tu que je t'y amène? Tu pourras demeurer avec nous, ce soir à la Mission, manger un bon repas et prendre un bain chaud. Et demain matin, il y aura la messe. Es-tu catholique?

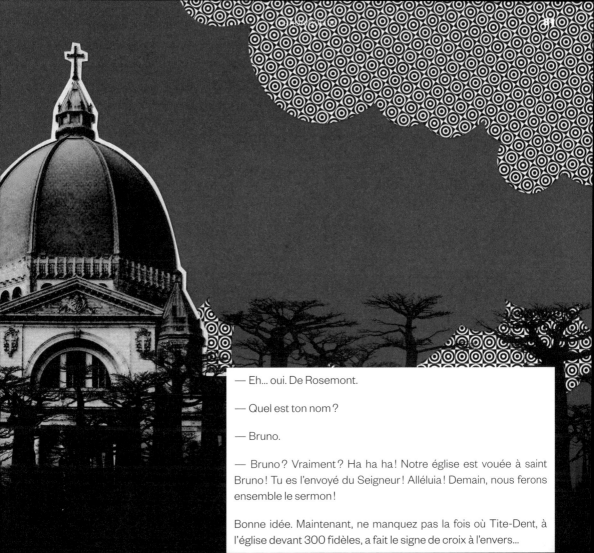

— Eh... oui. De Rosemont.

— Quel est ton nom ?

— Bruno.

— Bruno ? Vraiment ? Ha ha ha ! Notre église est vouée à saint Bruno ! Tu es l'envoyé du Seigneur ! Alléluia ! Demain, nous ferons ensemble le sermon !

Bonne idée. Maintenant, ne manquez pas la fois où Tite-Dent, à l'église devant 300 fidèles, a fait le signe de croix à l'envers...

un boucher tanzanien qui
me rappelle que j'ai
failli finir en
SAUCISSE à COCKTAIL

MON ONCLE ANTON

Kiziramuyaga — Tanzanie

LA SEMAINE DERNIÈRE, BRUNO A ÉTÉ PRIS EN OTAGE PAR UN CURÉ TANZANIEN DONT L'ÉGLISE CÉLÈBRE SAINT BRUNO, ET QUI VEUT AUJOURD'HUI LE FAIRE PARLER DEVANT TOUT LE MONDE À LA MESSE.

Samedi
21 octobre
2006

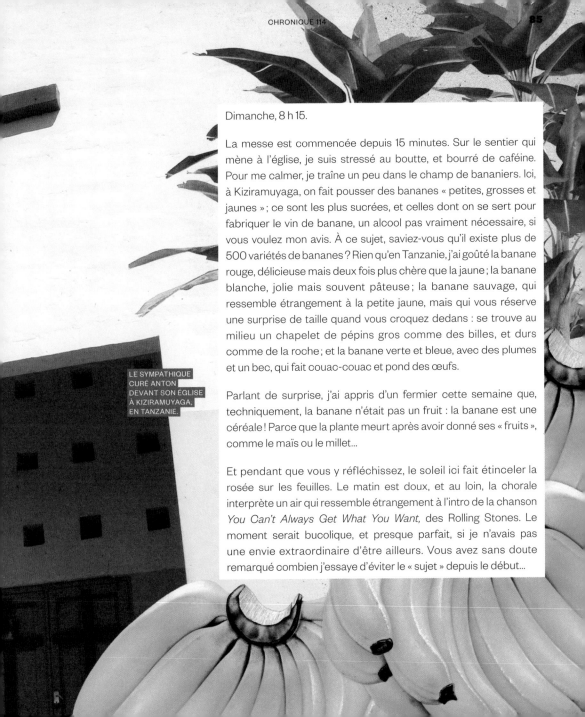

Dimanche, 8 h 15.

La messe est commencée depuis 15 minutes. Sur le sentier qui mène à l'église, je suis stressé au boutte, et bourré de caféine. Pour me calmer, je traîne un peu dans le champ de bananiers. Ici, à Kiziramuyaga, on fait pousser des bananes « petites, grosses et jaunes » ; ce sont les plus sucrées, et celles dont on se sert pour fabriquer le vin de banane, un alcool pas vraiment nécessaire, si vous voulez mon avis. À ce sujet, saviez-vous qu'il existe plus de 500 variétés de bananes ? Rien qu'en Tanzanie, j'ai goûté la banane rouge, délicieuse mais deux fois plus chère que la jaune ; la banane blanche, jolie mais souvent pâteuse ; la banane sauvage, qui ressemble étrangement à la petite jaune, mais qui vous réserve une surprise de taille quand vous croquez dedans : se trouve au milieu un chapelet de pépins gros comme des billes, et durs comme de la roche ; et la banane verte et bleue, avec des plumes et un bec, qui fait couac-couac et pond des œufs.

Parlant de surprise, j'ai appris d'un fermier cette semaine que, techniquement, la banane n'était pas un fruit : la banane est une céréale ! Parce que la plante meurt après avoir donné ses « fruits », comme le maïs ou le millet...

Et pendant que vous y réfléchissez, le soleil ici fait étinceler la rosée sur les feuilles. Le matin est doux, et au loin, la chorale interprète un air qui ressemble étrangement à l'intro de la chanson *You Can't Always Get What You Want,* des Rolling Stones. Le moment serait bucolique, et presque parfait, si je n'avais pas une envie extraordinaire d'être ailleurs. Vous avez sans doute remarqué combien j'essaye d'éviter le « sujet » depuis le début...

LE SYMPATHIQUE CURÉ ANTON DEVANT SON ÉGLISE À KIZIRAMUYAGA, EN TANZANIE.

Depuis hier soir, je vis un ridicule cauchemar. J'ai le trac ! Dans ma tête, je suis la vedette d'un mauvais film de lutteurs masqués mexicains intitulé *El Bruno contra los Bigotes*. Le scénario ? Bruno apparaît à l'église devant des dizaines de dévots, et il réalise qu'il est nu. Et surtout, qu'il est sans son masque...

« Que le vrai Bruno nous jase d'amour et de partage et de j'sais-pas-quoi ! »

Christ, je n'ai rien à dire. Je suis tellement mal à l'aise, je vais ouvrir la bouche, et ça va faire « Ouaaahoou ».

Et ils vont vouloir m'exorciser.

7 h 30. Le curé Anton m'a réveillé et m'a servi un café en me disant de prendre mon temps, parce que la messe commence avec des chants, et que tout le monde n'arrive pas nécessairement à l'heure ; un détail que le bon Dieu comprend « parce que nous sommes en Afrique ! Ha ha ha ! »

Un comique, le Anton.

Suivant son conseil, je bois mes trois tasses de café le plus lentement possible. Mon plan ? Entrer à l'église en retard, sur la pointe des gougounes, et me faufiler dans la rangée du fond, incognito. Pas très élaborée comme tactique, je l'avoue, mais j'ai le choix entre ça et ne pas y aller du tout ; ce qui serait franchement inacceptable de ma part, compte tenu de la belle générosité dont a fait preuve le curé depuis notre rencontre. Rien que pour moi, il a zigonné pendant une demi-heure hier soir avec son antenne satellite pour capter S3, le canal des sports qui diffuse le football de l'*English Premier League* (depuis deux ans, je suis devenu un fan de soccer, à défaut de pouvoir regarder le hockey... À ce sujet, il paraît que ça sent la Coupe encore c't'année ?) ; et il est même allé en camion jusqu'au village voisin, à 15 kilomètres, nous acheter de la bière froide et des chips. Non mais... C'est-ti pas du service ça ? Comme à la maison ! Et tout « sur le bras ».

Alléluia.

8 h 20. J'entre doucement par la porte entrouverte. Pause. Je regarde autour. Le chemin est libre. Tournée vers le curé qui livre un passionné sermon, la foule compacte de fidèles ne me porte aucune attention. Parfait ! Je me glisse entre deux rangées, je m'appuie sur le mur du fond. Et j'apprécie le spectacle. Le beau Anton se démène, comme un diable dans l'eau bénite, il court entre les allées, prend des bébés dans ses bras, embrasse des vieillards, se jette sur les genoux, et implore le ciel d'aider sa communauté... Vive le Bon Dieu funky ! C'est enlevant ! Si on plaçait Anton sur une croix, je pense que j'y croirais. Vient ensuite le moment où l'on offre des cadeaux à l'église, l'équivalent de la dîme à la maison ; sauf qu'ici, au lieu de passer le panier, on fait entrer des enfants, qui apportent au curé... des poules et des chèvres ! C'est le capharnaüm instantané dans l'église, ça caquète, ça bêle, et c'est tordant ! Une poule échappe à un gamin, les choristes lui courent après, elle grimpe sur l'autel, le curé rigole, et je suis bouche bée devant autant d'action à la messe.

Puis soudain, à travers le chaos, je découvre l'icône géante, peinte derrière la nef... C'est une représentation de saint Bruno, qui doit faire dans les 5 mètres de haut. Grosse face ronde, gros sourcils, petits yeux noirs, nez long, mâchoire carrée, peau blanche... Ça vous rappelle quelqu'un ? Ha ! Vous ne me croirez jamais, comme moi je ne l'ai pas cru en l'apercevant, mais je vous le dis quand même : le visage du saint ressemble étrangement à ma face. Ou bien c'est mon visage qui ressemble à celui du saint, enfin, formulez-le comme vous le voulez, mais c'est troublant... Je suis en Tanzanie, et je me vois, là, dessiné sur un mur d'église, avec une auréole au lieu d'une casquette ! Et j'entends une voix grave me dire : Bruno, viens ici.

Je suis secoué.

— Allô ? Seigneur ? Est-ce toi qui me tends la main ?

La voix devient plus claire.

— Bruno, viens ici, s'il te plaît !

Tous les visages se retournent en ma direction. *Shit !* C'est le curé qui m'appelle.

Ouaaahouu

Une semaine plus tard, je quitte le village. J'aurai finalement passé six jours et sept nuits aux frais des habitants de Kiziramuyaga. Du gros fun noir ! J'ignore ce qui s'est passé à l'église, mais les fidèles se sont vraiment bidonnés en m'apercevant. Après mon petit discours (« bonjour, merci, amen ») que le curé traduisait en swahili, j'étais devenu une star.

Au moment de partir du village, je serre Anton dans mes bras, ému. Il se penche à mon oreille et me confie un secret :

— Quand tu es arrivé devant l'autel, la femme au premier rang s'est écriée : « *Oh my god,* sa fermeture éclair est ouverte ! »

NOTE DE L'ÉDITRICE :
DÉTROMPEZ-VOUS, IL S'AGIT
DE LA VÉRITABLE ICÔNE
DE SAINT BRUNO SANS MONTAGE.
TOUTE RESSEMBLANCE
AVEC BRUNO BLANCHET NE
SAURAIT ÊTRE QUE FORTUITE...
À PART LES LUNETTES !

CONTRE LE VENT

Mwenza à Dar Es Saalam — Tanzanie

DEPUIS MA DERNIÈRE AVENTURE CHEZ LES CATHOLIQUES DU LAC VICTORIA, JE VOUS JURE QU'IL S'EN EST PASSÉ DES CHOSES... J'AI TRAVERSÉ TOUTE LA TANZANIE, D'OUEST EN EST ! PRÈS DE 1000 KILOMÈTRES ! UNE MÉCHANTE *RIDE*. VOUS DEVRIEZ ME VOIR LES MOLLETS ! ILS SONT PLUS GROS QUE MES CUISSES. C'EST D'UNE LAIDEUR EXTRAORDINAIRE ! TOUT NU, J'AI L'AIR DE POPEYE, À L'ENVERS.

**Samedi
28 octobre
2006**

Et aujourd'hui, comme de plus en plus de lecteurs sont curieux de connaître les dessous d'un trip à vélo en Afrique, je vais vous dévoiler quelques secrets qui pourront, je l'espère, satisfaire votre soif d'aventure et d'insolite...

D'abord, je ne les ai pas parcourus à vélo en entier, les 1000 kilomètres. Désolé, j'ai triché ! Parce que, désorganisé comme je le suis – n'essayez pas de dénicher une carte Michelin à la dernière minute à Kampala, en Ouganda – je me retrouve à chaque 80 kilomètres devant une surprise du genre : « Non, il n'y a plus de route, Monsieur ! » Ou encore : « Le pont ? Mais quel pont ? » Et ma préférée : « Si j'étais vous, je ne partirais pas d'ici... »

Et seul à vélo, franchement, ça devient ennuyant à la longue... Au départ, on pense que la bicyclette nous permettra de voir plus de paysages, mais c'est faux : on passe le plus clair de son temps à regarder le pavé et la roue d'en avant, pour ne pas bêcher.

À ce sujet, un soir dans un bar à Dar Es Saalam, j'ai rencontré un motocycliste qui venait de faire le tour du monde avec son engin. Quatre ans sur la route ! De l'Alaska à la Terre de Feu, à travers l'Europe, le tour de l'Inde, le tour de l'Afrique, nommez le pays, il l'avait parcouru... Un vrai ? Je me suis assis avec lui, tout oreilles, m'attendant à une discussion excitante sur le Monde, avec un grand M : mais le mec ne m'a causé que de conditions de route et de problèmes mécaniques pendant deux heures ! D'un ennui ! Preuve que ce n'est pas la distance parcourue qui compte, ni le nombre d'étampes dans le passeport...

Mes seules distractions sont de « pédaler en buvant de l'eau sans échapper la bouteille ou le bouchon », « descendre des côtes à pic les yeux plissés en chinois » et « chanter du Léandre ». Puis, à chaque village où je passe, sensiblement la même histoire se répète : parce que je parle très peu le swahili, *kidogo kidogo,* et qu'eux généralement ne parlent pas beaucoup l'anglais, nous tenons rarement des discussions qui vont au-delà de « Mon nom est Pascale, je suis ton amie. »

C'est un peu ordinaire.

Mais ce n'est pas cher ! Le matin et le midi, il est garanti que pour moins d'un dollar, je trouve à manger un gros plat de « trucs frits non identifiés » (en anglais ici, on dit des UFO : *unidentified fried objects !*) ; et que le soir, dans une chambre d'hôtel à deux dollars, j'aurai en prime de la musique trop forte jusqu'à 4 h, de la chaleur étouffante et des moustiques.

À 18 ans, j'aurais trouvé ça excitant. Mais plus maintenant… La vie devient trop rare en vieillissant !

Donc, pour parcourir les 1000 kilomètres, j'ai fait trois jours à vélo, et hop!, tanné de rouler dans la boue, j'ai rebroussé chemin et j'ai pris un bateau; à Mwenza, j'ai sauté dans un train, jusqu'à l'endormante capitale administrative au nom prédestiné Dodoma (imaginez Ottawa sans Hull ni les tulipes, au milieu du désert); puis, de là, j'ai enfourché le Héro pour un autre trois jours de vélo, que j'ai dû interrompre, encore une fois, parce que c'est la saison des grands vents d'est, et que je devais pédaler de toutes mes forces pour descendre des côtes tellement le souffle de face était violent... Finalement, résigné, j'ai sauté dans un autobus et, à Dar Es Salaam, j'ai pris un traversier pour Zanzibar.

Frustrant?

Non! Un périple formidable. Même si j'ai triché. Il ne faut quand même pas être plus catholique que le pape.

IL Y EN A QUI SONT PLUS COURAGEUX QUE MOI!

L'an dernier, au Cambodge, pendant un souper de groupe au restaurant, une Hollandaise qui traversait l'Asie à vélo avait affirmé haut et fort que ceux qui voyageaient sac au dos en autobus n'étaient pas de « vrais » voyageurs; ils étaient des paresseux.

Selon elle, pour un « vrai » voyage, il fallait, au minimum, utiliser le mode de transport des locaux : par exemple, dans le cas du Cambodge, s'entasser à 25 dans une boîte de pick-up ouverte, pour se faire pogner par la pluie, choper la crève et, à chaque bosse, se fracturer un peu plus le coccyx.

Mais le meilleur, « *Ze Best* », elle prétendait, était de voyager à vélo.

Sur le coup, elle m'avait sérieusement irrité, la prétentieuse « vraie voyageuse », avec sa bicyclette à 2000 euros, son GPS et son casque aérodynamique fluo. Mais aujourd'hui, je suis forcé d'admettre qu'elle avait un peu raison...

Le vélo permet d'avoir le choix : soit de l'enfourcher et d'errer à votre guise, soit de le placer sur le toit d'un autobus pour vous rendre rapidement du point A au point B. En prime, finies les désagréables et interminables négociations avec les chauffeurs de taxi-brousse, de tuk-tuk, de pout-pout ou de dala-dala! Une liberté d'esprit et de mouvement qui vaut amplement le coût d'une bé-cane... Mais qui ne fait pas nécessairement de toi un « vrai » voyageur, ou un « vrai » n'importe quoi! Et le meilleur moyen de voyager demeure toujours le plus simple.

À pied.

Quelques mots sur la ville de Dar Es Salaam? C'est plate à mort. La seule raison d'y aller, c'est pour prendre le traversier de Zanzibar. Il y a bien un musée, dans lequel est exposé le squelette du plus gros oiseau à avoir jamais foulé le sol et volé dans le ciel, et où l'on trouve une section hilarante intitulée « La Tanzanie dans l'espace »; mais l'endroit est mal entretenu (lire « laissé à l'abandon ») et très mal éclairé (lire « apportez une lampe de poche parce qu'ils n'ont pas payé la dernière facture d'électricité »).

Et en terminant, l'île de Zanzibar, qu'un couple de « vrais voyageurs » m'avait déconseillée parce que « trop touristique », se révèle être un endroit fascinant et presque aussi exotique que le nom le sous-entend : j'ai visité ce matin une « cave à esclaves »... Brrrr!

lafrousse.ca

Je vous en reparlerai. *Tata sana.*

LES AVENTURES DE PETER PALME

Stonetown — Zanzibar

AVANT-HIER, EN PLONGÉE SOUS-MARINE À ZANZIBAR (ARCHIPEL AU LARGE DE LA TANZANIE ET ANCIEN MARCHÉ D'ESCLAVES ET D'ÉPICES OÙ EST NÉE LA LANGUE DU COMMERCE DE LA CÔTE EST AFRICAINE, LE SWAHILI), J'AI VU UN POISSON-CROCODILE. C'EST UN TRÈS GROS POISSON AVEC UN CORPS DE REQUIN ET UNE TÊTE DE CROCODILE. SAVIEZ-VOUS QUE CELA EXISTAIT ? MOI PAS. À 24 MÈTRES SOUS L'EAU, QUAND LE MONSTRE EST SORTI DE SOUS LE RÉCIF, J'AI FAIT TOUT UN SAUT.

**Samedi
4 novembre
2006**

Lui aussi ! Je crois qu'il ignorait tout de l'existence des Bruno.

C'était pour moi une autre jolie surprise, qui s'inscrivait très bien dans la semaine pleine de rebondissements dont j'étais le héros.

Le jour précédent, en choisissant mon équipement à la boutique de plongée One Ocean, j'étais tombé sur un couple de… Bleuets ! Serge et Geneviève, de Roberval, arrivaient tout juste de conquérir difficilement le mont Kilimandjaro, dans la neige et sous la pluie. Dans un clip vidéo comique qu'ils m'ont montré sur leur caméra, le couple est sous la tente, trempés et misérables ; et Serge, malade d'altitude, avec le souffle court demande à Geneviève : « Cout'donc… On est-tu en vacances, nous autres ? » Et ils allaient maintenant sortir faire du snorkel sur le même bateau que Bibi. Une charmante coïncidence ! Dieu que c'était réconfortant de rencontrer des Québécois – une espèce rare en Afrique – et de parler « le parler » de chez nous. Surtout dans l'état de fébrilité où j'étais, après la grande décision que j'avais prise à peine 24 heures auparavant…

On recule la bobine ? Zouk-a-zouk-a-zouk.

L'avant-veille (le mardi, vous avez deviné, merci), lors d'une randonnée à vélo en direction de Nungwi, à la pointe nord de l'île, après avoir traversé des champs et des champs et des champs de clous de girofle, ivre du parfum de l'épice, je me suis arrêté d'un coup sec au bord de la route, et j'ai pété une *fuse*.

Là, tout de suite, immédiatement, je n'avais plus envie de l'Afrique. Ou plutôt, je n'avais plus envie de l'Afrique continentale que je parcourais depuis le sud de l'Éthiopie, et à laquelle j'allais retourner dans 5 jours (oui, le dimanche, bravo).

J'étais tanné. Fatigué des grands espaces jaunes et des cases et du vide au milieu. Assez. F-i-n-i. Le malaise me partait du ventre et me remontait entre les oreilles. Et le jugement était sans appel. Je ne t'aime plus, mon amour !

— Que s'est-il passé, monsieur Blanchet ?

Je vous explique : le fascinant mélange de cultures qu'offrait Zanzibar (arabe, anglaise, portugaise et africaine), additionné au rythme apaisant de la vie dans l'île, venait d'avoir raison de mon côté rationnel. Il y a des endroits ordinaires qui vous inspireraient des romans entiers ; puis il y a des lieux extraordinaires où vous regardez le temps passer, et puis… Rien. Vous constatez ensuite que tout a été vécu de façon bien plus significative, à un niveau beaucoup plus intime. Et l'écrire serait trahir l'émotion, en quelque sorte, parce qu'aucun mot ne saurait être juste.

Inexplicable feeling. Comme un coup de foudre ? En tous les cas, Zanzibar est peut-être un de ces endroits-là.

D'abord, la ville de Stonetown possède vraiment un charme irrésistible, avec son dédale de rues étroites qui rappellent à la fois l'Europe et l'Arabie, et qui débouchent toutes sur l'eau émeraude de l'océan Indien. Y flâner est formidable, s'y perdre est encore mieux.

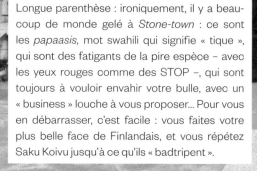

Longue parenthèse : ironiquement, il y a beaucoup de monde gelé à *Stone-town* : ce sont les *papaasis,* mot swahili qui signifie « tique », qui sont des fatigants de la pire espèce – avec les yeux rouges comme des STOP –, qui sont toujours à vouloir envahir votre bulle, avec un « business » louche à vous proposer… Pour vous en débarrasser, c'est facile : vous faites votre plus belle face de Finlandais, et vous répétez Saku Koivu jusqu'à ce qu'ils « badtripent ».

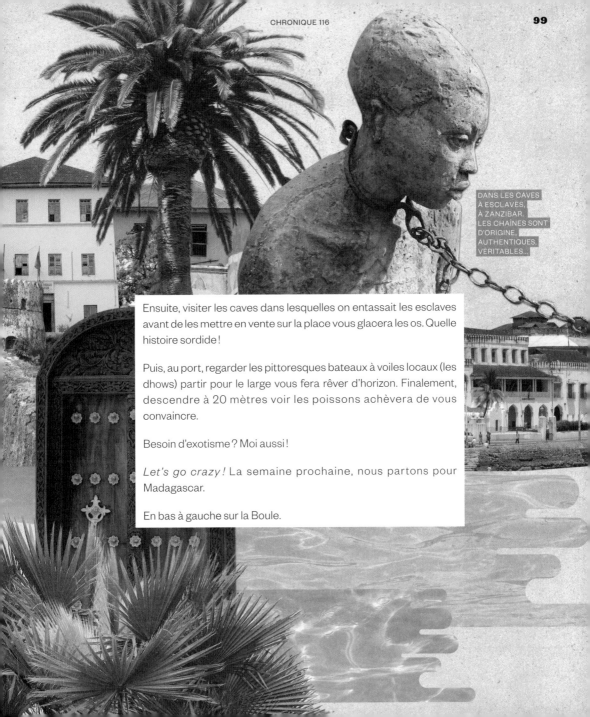

DANS LES CAVES À ESCLAVES, À ZANZIBAR. LES CHAÎNES SONT D'ORIGINE, AUTHENTIQUES, VÉRITABLES...

Ensuite, visiter les caves dans lesquelles on entassait les esclaves avant de les mettre en vente sur la place vous glacera les os. Quelle histoire sordide !

Puis, au port, regarder les pittoresques bateaux à voiles locaux (les dhows) partir pour le large vous fera rêver d'horizon. Finalement, descendre à 20 mètres voir les poissons achèvera de vous convaincre.

Besoin d'exotisme ? Moi aussi !

Let's go crazy ! La semaine prochaine, nous partons pour Madagascar.

En bas à gauche sur la Boule.

EN ROUTE VERS MADAGASCAR

CHRONIQUE 117

Dans l'avion pour Madagascar

JE CROIS QUE JE SUIS ÉNERVÉ.

J'AI LE DOS COINCÉ, CE QUE JE SOUPÇONNE ÊTRE UN DÉBUT D'ECZÉMA SUR LA JOUE (EST-CE COMME UNE BRÛLURE QUI PIQUE, DOCTEUR ?) ET, LA NUIT DERNIÈRE, J'AI TELLEMENT GRINCÉ DES DENTS QUE JE M'EN SUIS BRISÉ UNE. CELLE DU DEVANT. ET ÇA ME FAIT UN SOURIRE DE PIRANHA.

**Samedi
11 novembre
2006**

ssenger Name:

Ce qui me stresse autant ?

Réfléchissons.

J'ai été obligé de vendre mon vélo à Zanzibar, parce qu'il était trop lourd pour placer dans l'avion, et j'ai eu l'impression de laisser un ami. Bou-hou ! Salut, Fidèle...

Dépourvu de moyen de locomotion, et plus seul que jamais, je partais en direction de Johannesburg pour une escale de 16 heures que j'appréhendais au maximum. Une belle nuit à dormir sur un banc de plastique d'aéroport ! C'est toujours réconfortant de voir ça à l'horaire.

Pour le plaisir, et le challenge, je n'avais pas encore lu une seule ligne sur Madagascar. Je voulais me réserver toute la surprise à l'atterrissage. Je n'avais même pas regardé de photos ! Ils auraient pu me débarquer au Zimbabwe, je n'y aurais vu que du feu. Effet boomerang, mon vide de connaissances sur le sujet commençait maintenant à se remplir de l'angoisse du voyageur : de celle de celui qui tapote mille fois sa pochette ventrale pour vérifier qu'il a toujours son passeport... Comme le gars au bureau qui se demande encore s'il a fermé le rond du poêle.

— Dernier appel ! Les voyageurs du vol 8702 sont priés de se présenter à la porte 36 !

PANIQUE ! Parce que je suis arrivé une demi-heure en retard, à cause que le mignon avion Piper 6 places qui m'a amené est atterri à l'aéroport local, et non pas à l'aéroport international comme je le supposais ; un détail, je suspecte, qu'a volontairement omis le petit vendeur de l'agence de voyages de Zanzibar, qui a réussi, en plus, à me vendre le ticket 56 $ au lieu de 50 $, en me fourrant subtilement sur le taux de change. Voilà.

Je suis stressé à cause de trente minutes et de 6 $.

Mais tout finit par s'arranger quand on court en criant « Tassez-vous ! » dans un aéroport.

Dans l'avion de SAA, direction Johannesburg, immédiatement après le décollage, à la télévision est apparu un couple de mimes. Coucou ! L'homme et la femme, tous deux vêtus du classique maillot noir et le visage peint en blanc, étaient assis sur des sièges transparents. Manifestement, ils tentaient de nous persuader qu'ils étaient à bord d'un avion...

Je sentais déjà le bonheur me regagner. Et la vidéo de sécurité officielle de South African Airlines ne faisait que commencer...

Reporting Time

Departure

Status

Not Valid

LA CÔTE TANZANIENNE...
DES KILOMÈTRES
DE PLAGES VUS D'UN
AVION À 2500 PIEDS
D'ALTITUDE.

Au bout de quelques secondes de silence embarrassant, l'homme mime s'est mis à reluquer la femme mime avec une expression de vieux pervers. Malaise. Les mimes ont un sexe ? Puis, avec sa main de mime, il a fait semblant de vouloir caresser le genou de la femme mime. Pardon ? Elle a alors aussitôt mimé de le gifler, puis de lui tordre l'oreille jusqu'à ce qu'il fasse semblant de faire des grimaces d'idiot... Tout ça, dans le but, il m'a semblé, de freiner sa libido. Calmé, l'homme mime a commencé à effectuer, avec la femme mime, une série d'exercices d'étirements, qui les ont rendus heureux...

Message tordu ? Ha ! Je vous jure, c'était n'importe quoi ! La dernière fois que j'avais vu quelque chose d'aussi mauvais à la télé, c'est moi qui l'avais fait.

Je me suis calé dans mon siège, et j'ai alors tenté d'imaginer la réunion de production dans les chics bureaux de South African Airlines... J'ai vu le concepteur publicitaire proposer le sketch des mimes dans l'avion, qui allait, selon lui, « éduquer et amuser les petits et les grands », et le grand patron qui a répondu :

« C'est une très bonne idée, vous avez le feu vert. À condition de choisir mon beau-frère. »

Et hop ! Grâce à la magie des mauvais mimes, mon angoisse était disparue.

Je pouvais maintenant passer la nuit à faire le bacon sur un banc de l'aéroport de Johannesburg, sans souci aucun, ignorant que le lendemain soir, assis à la terrasse du restaurant Le Glacier, sur la rue principale d'Antananarivo, devant une salade verte fraîche et un délicieux filet de zébu au bleu, je siroterais un verre de rouge en regardant passer les Peugeot, les Renault 4 et les rigolos taxis 2CV et que, à la radio, Aznavour chanterait *Désormais*.

Et sans savoir que, dans les quartiers chauds de Johannesburg, bientôt je reviendrais...

C'EST LA FAUTE AUX PATATES

Antar
vue de

Antananarivo — Madagascar

C'EST ISOLÉ COMME LE MYANMAR. REMUANT COMME LA MONGOLIE.
ET JE NE PEUX PAS VOUS LE CONFIRMER TOUT DE SUITE, MAIS JE
CROIS BIEN QUE C'EST L'ÎLE. AVEC UN GRAND I. OUI, LA ÎLE DONT
ON ENTEND PARLER DEPUIS QU'ON EST PETIT. SELON UNE SOURCE
BIEN INFORMÉE, LES ELVIS, BRUCE LEE, JOHN F. KENNEDY,
MARILYN MONROE, ILS SERAIENT TOUS ICI. EXCITANT, HEIN ?
JE VOUS TIENS AU COURANT. ET JE GARDE L'ŒIL OUVERT.
TOUT À COUP QUE JE TOMBERAIS SUR LA POUNE…

Samedi
18 novembre
2006

Bienvenue à Madagascar. Voyage au bout de la folie.

Faut que je me calme parce que, il y a 2 jours, j'ai décidé de traverser le pays en trottinette, et je suis même allé jusqu'à magasiner les trottinettes... Et je pense sérieusement que je suis à la veille d'être mûr pour l'asile. La combustion spontanée, ça vous dit quelque chose? Vous savez, lorsque quelqu'un, qui est tranquillement assis dans le salon en train de boire un thé, pour aucune raison, soudainement pogne en feu? Et lorsque les pompiers arrivent, *pin-pon,* ils ne retrouvent que de la cendre dans ses pantoufles Garfield? Entoucas. Ici, j'ai franchement peur qu'un truc comme ça m'arrive. *I'm sooooo hot, Baby!* Vous verriez comme les Malgaches, ils sont beaux, vous comprendriez... Ouf!

Nés d'un joli mélange entre l'Asie et le continent noir, ils ressemblent tous à Tiger Woods. Sans blague! Et pas que les hommes. Les femmes et les enfants aussi. Tous, sans exception! Je vous assure que le célèbre et mignon Tiger Woods[5], il ca-po-te-rait raide à Antananarivo. Toutes les cinq minutes, il dirait à Bob, son caddie : « Hey Bob, regarde là-bas, au coin de la rue... C'est moi! »

En plus, à Madagascar, il y a le plaisir incomparable de retrouver la langue française à l'autre bout du monde et d'avoir à la fois cette impression troublante d'être à la maison et celle, fantastique, d'être débarqué sur une autre planète. Indescriptible feeling! Mais votre Bibi, en ce sens, il doit redoubler de prudence... Parce que, depuis le temps que mes voisins de table parlent l'arabe, l'ahmaric, l'ougandais, le bantu ou le kiswahili, et depuis le temps qu'on m'abreuve d'insultes à caractère raciste – tout n'est pas rose, mon cher Normand –, un tantinet frustré et tenant pour acquis que personne ne comprend jamais le franco-québécois, il m'arrive de plus en plus souvent de lâcher quelques *tabarnak* bien gras pour faire sortir la vapeur, ou encore d'interpeller affectueusement les douaniers et les flics par « Hey le gros »... Disons-le, j'ai les coins ronds et la surface légèrement dépolie.

Désolé maman.

[5] NOTE DE L'ÉDITRICE : OUI, BON. TIGER ÉTAIT UN PETIT TIGRE PLUS MIGNON EN 2006 QUE CES DERNIERS TEMPS !

pièces, Champignon, Œuf, Oignon V

RNIE

an 6 pièces, Œuf , Oignon Vert, (
vettes

RNIE

an 6 pièces, Œuf poqué , Oignon
e, Crevettes, Boulettes de poisso

Comprenez, je ne cherche pas d'excuses, mais en deux ans et demi de galère, j'ai vécu de quoi secouer mes bonnes manières. Au restaurant seulement, je ne calcule plus le nombre de fois où la serveuse est arrivée avec la bouche pleine, ou en bâillant, ou mieux, les deux en même temps ; puis, toutes les fois où elle a déposé mon plat sur la table, avec les ongles sales et le pouce dans la sauce blanche. Et je ne vous parle pas des serveurs chinois, qui pètent en prenant votre commande. « Une soupe Won Ton ? *Prrrrout !* Tout de suite, Monsieur... »

Or, depuis une semaine que je suis là, en territoire franco-extraterrestre, et que je suis comblé, et que, en vrai mal élevé, j'espionne les conversations ! Et je me régale...

Hier, au bistro d'Antananarivo, le patron de l'établissement et un de ses amis discutaient à table. Je prenais le petit-déjeuner, à la table voisine, et je les écoutais d'une oreille distraite, en faisant semblant de lire un dépliant de motel. Bref, le patron était furieux.

— L'autre soir, je demande des pommes de terre en purée. Elles ne sont pas mangeables ! On aurait dit de la soupe ! Tu sais ce que le cuisinier, il me dit ? Il me dit que c'est parce que, d'habitude, il utilise des patates jaunes pour faire la purée, alors que là, il n'y avait que des patates rouges dans la cuisine.

LE FRANÇAIS DU BOUT DU MONDE, TEL QU'IMAGINÉ DANS MON PHOTOMONTAGE

— Quelle est la différence ?

— La rouge, elle cuit plus vite, selon lui.

— Il n'avait qu'à surveiller son plat !

— Voilà ! C'est ce que je lui ai dit ! Et cet enfoiré, il me répond : « C'est la faute aux patates. »

— C'est la faute aux patates ?

— Ouais. C'est la faute aux patates.

— Enfoiré.

COMME AU CINÉMA

Antananarivo — Madagascar

« BONNE AMBIANCE, MONSIEUR ! »

C'EST CE QUE M'A SOUHAITÉ LA PLACIÈRE À L'ENTRÉE DU CINÉMA REX D'ANTANANARIVO. BONNE AMBIANCE ? AH BON... « MERCI, MADAME », QUE JE LUI AI RÉPONDU.

MOI, JE NE M'OBSTINE PLUS.

**Samedi
25 novembre
2006**

Volomborona (La plume) est une comédie. C'est du moins ce que l'affiche semble indiquer : on y voit des moines, et ils tirent la langue ; et si cela devait être un film sérieux, il faudrait immédiatement congédier le responsable de la campagne de publicité. Le reste est écrit en malgache, parce que c'est un film malgache. Et malgré que je n'y comprendrai pas grand-chose, j'ai très hâte de voir ça, du cinéma à Madagascar. Pour le film, bien entendu, mais aussi pour l'écran, le billet et le banc ; et la salle et la foule itou.

Sortir au cinéma est souvent l'un des premiers plaisirs que je m'offre lorsque je débarque dans une nouvelle ville, un nouveau pays : on y apprend beaucoup sur les habitudes culturelles d'un peuple, et en même temps, on mange du pop-corn. Deux dans un !

Mon palmarès ? La meilleure salle de cinéma est à Tokyo : les bancs vibrent comme des dildos, le pop-corn est fluo et les placières sentent la cerise. La palme du pire cinéma revient au Théâtre Rex, à Yangoon, au Myanmar : les films sont grossièrement censurés, les bancs sont défoncés, les allées sont gluantes des milliers de boissons renversées et les gens n'y vont pas pour regarder le film : ils y vont pour jaser avec des amis et bouffer des graines de tournesol. Cric cric crac croc, bla bla bla bla...

De retour à nos Malgaches.

À 3000 arias (1,50 $), j'ai un banc réservé dans la section du milieu. Le 9. Il est mou et il penche par en avant. Je me déplace. Le 10 aussi. Le 11, le 12, le 13, le 14 itou. Je reviens au 9. Je regarde autour. Des familles, des couples et des mamans qui allaitent des bébés. Pas étonnant, parce qu'Antananarivo est la capitale internationale de l'allaitement en public. Il y a des jours, on se dirait dans un festival de la tétée !

Première déception : il n'y a pas de pop-corn. Deuxième contrariété : il y a des nuées de maringouins sous les bancs. Je suis en short et en sandales et, pendant 90 minutes, ça va être du sport...

Conseil : au cinéma, enduisez-vous de *Off, région sauvage.*

Avant le film, aucune bande-annonce : on diffuse plutôt des vidéoclips. Un clip de Shakira qui se caresse, en g-string de cuir, sur un piano ; suivi d'un clip de Mariah qui se tortille, en déshabillé rouge sur un divan blanc ; et d'un clip de Beyoncé qui pète une crise d'épilepsie dans une ruelle, en soutien-gorge de dentelle, sous la pluie. Moi, je viendrais du Madagascar et je verrais ça, je vous garantis que je voudrais déménager aux États-Unis !

— Pourquoi tu veux aller là, Tiger ?

— Parce que là-bas, toutes les filles sont en sous-vêtements !

— C'est dans les films, ça...

— Non... C'était juste avant !

Enfin, après un long *feedback* dans la noirceur, débute le film. Pas de flafla. Mais on jase beaucoup dans le cinéma... Pendant 15 longues minutes. En Thaïlande, ils ont trouvé un moyen extraordinaire de faire taire les gens juste avant le film : on diffuse le vidéo de *la Chanson du Roi*. Une jolie chanson, interprétée par un chœur d'enfants et accompagnée d'un clip super émouvant, pendant lequel il faut se lever et se la fermer, comme pour un hymne national, afin de rendre hommage au Roi, le chef suprême et leader adoré du pays depuis 60 ans. Parlant de la Thaïlande, saviez-vous que je suis passé 6 fois par Bangkok depuis 2 ans et demi, que ma copine est thaïe, qu'elle a 33 ans, qu'elle s'appelle Supak, qu'elle est propriétaire du café Internet où j'écrivais mes chroniques et que nous allons peut-être nous marier, bientôt, dans un temple bouddhiste (une histoire d'amour comme au cinéma) ? Vous ne le saviez pas ? Ha ! Je vous en cache des choses, hein !

De retour à nos moines.

Parce que c'est bel et bien de moines dont il s'agit, et bel et bien d'une comédie. Et comment je le savais, même si je ne comprends pas un traître mot de malagasy ? Parce qu'il y a des codes qui sont clairs : un des moines était un moine nain, ou un nain moine (qui ressemblait étrangement à un mini Tiger Woods), et quand il courait, en accéléré, le public riait... Puis, il y avait bien aussi une grand-mère super comique, jouée par une vieille vieille actrice drôle comme un singe, qui faisait semblant de mourir chaque fois qu'on la contredisait. Pissante !

DIMANCHE 12 NOVEMBRE 2006
14H 30 - 16H 30
VOLOMBORONA» (VISA

AVEC GÉRARD RAZAFINDRAKOPO, RÉALISATEUR DU FILM VOLOMBORONA DEVANT UN CINÉMA D'ANTANANARIVO À MADAGASCAR. OUI, JE VAIS PEUT-ÊTRE JOUER DANS UN FILM MALGACHE !

Et malgré que je n'aie pas saisi un traître mot du film, je peux vous affirmer que le niveau de jeu des acteurs ici est bien supérieur à tout ce que j'ai vu sur le continent africain sub-saharien (en particulier du Nollywood, l'horrible cinéma du Nigeria qui envahit l'Afrique comme une sécheresse artistique), que la réalisation est adéquate, et que, à part l'histoire qui m'a échappé, je me suis beaucoup amusé, et je suis même sorti inspiré de la représentation.

Moi aussi, un jour, je serai vieux-vieux, et lorsque vous me contredirez, je ferai semblant de crever.

HA HANI KOU HOUNI

CHRONIQUE 120

Antananarivo — Madagascar

J'ARRIVE D'UN CONCERT DE HARD ROCK MÉTAL MALGACHE ET, BIEN QUE JE SOIS UN INDIVIDU DE NATURE CURIEUSE ET UN FAN DE MUSIQUE LOURDE, JE SUIS SORTI AVANT LA FIN PARCE QUE J'ALLAIS ME DÉCROCHER LES MÂCHOIRES À FORCE DE BÂILLER. ET J'AI MÊME RI UN PEU, CE QUI N'EST PAS BON SIGNE : LE RIRE N'ÉTANT PAS NÉCESSAIREMENT UNE ACTIVITÉ COMPATIBLE AVEC LA MUSIQUE DU DIABLE.

— DEVIL !

**Samedi
2 décembre
2006**

Devant la scène, un rassemblement d'ados de 22 ans avec l'index et l'auriculaire de la même main dans les airs, en t-shirts noirs et jeans déchirés aux genoux, *slam dansent*. Au premier coup d'œil, c'est plutôt classique comme foule de métal : tatoués, têtes de pas fin, skinheads fâchés et tout plein de gars qui se cachent dans leurs cheveux. Par contre, un détail me semble important : je ne connais pas beaucoup ces affaires-là, et je ne veux pas me mêler de ce qui ne me concerne pas, mais je pense que plusieurs de ces jeunes avaient pris de la drogue. Oui, de la DROGUE. Qu'ils n'ont pas pu consommer dans le stade, parce qu'il y a des soldats postés à chaque deux mètres avec des bâtons, qui ressemblent drôlement à des *bâtons de golf* (je vous le redis, Tiger Woods, ici, il fli-pe-rait des ba-na-nes). Mais assurément avant le concert, genre dans un bâtiment abandonné, en faisant brûler de l'encens pour déjouer les chiens policiers : parce qu'ils sont rusés, les drogués.

Et qu'est-ce qui me fait croire à la thèse des narcotiques ? Imaginez : Laurence Jalbert chante *Ha hani kou houni* devant un parterre de pouilleux qui se donnent des coups de poing dans la face et, lorsqu'elle est rendue à *wa wa wa bikana sha hi na,* il y a trois morts sur le plancher de danse.

Autrement dit, l'énergie stupéfiante qu'ils déployaient dans leur *slam danse* était complètement disproportionnée par rapport à celle qui sortait des haut-parleurs.

En termes polis, pour du métal, c'était poche en *ostie.*

On sent que les musiciens font des efforts pour avoir l'air méchant, et ce n'est pas de leur faute ; il y a trop de « L », de « M », de « OU » et de « A » dans la langue malgache pour que ça rocke. « *Lou miloumila, moumou louloumila* », chante ça comme tu veux, même avec la voix du chanteur de Metallica, ça sonnera toujours comme de la bouette.

Y manque de « T », de « R », pis de « K » dans c'te langue-là ! Comme dans tab...!

Il y avait bien un des dix groupes qui brassait un peu, les Saomosa : un mot malgache qui signifie sûrement « chanteuse avec des pantalons de cuir tellement serrés qu'on voit sa vessie », mais pour le reste, moi j'abandonne le rock de Madagascar et je me lance dans la musique traditionnelle, parce qu'ici, y'en a d'la sacrée bonne. J'essayerai de vous en reparler plus tard, parce que là, maintenant, je sens que je vais être malade.

Encore ?

Oui. Depuis presque trois semaines que je suis coincé dans la capitale à cause de mon état de santé fragile. C'est la maladie de l'homme blanc, que j'attrape sous différentes formes dans tous les pays, aucune exception à la règle, et qui se résorbe habituellement après la première semaine. Mais elle est coriace, ici. Je passe donc beaucoup de temps aux W.-C., assez en tous les cas pour remarquer des choses comme les marques de papier de toilette… Et l'un des papiers les plus populaires (et chaque fois, je rigole) s'appelle le tissu de toilette « POÉSIE ».

Ha ! Quel est donc le lien entre vous savez quoi, et la POÉSIE ? Aussi étonnant que ça puisse sembler, hier à la pharmacie, j'ai peut-être compris.

UN ZÉBU EST
UN CROISEMENT
DE VACHE ET
DE PANDA.
ET UNE SOURCE
DE POÉSIE...

Après avoir expliqué mes symptômes à la pharmacienne, elle m'a demandé ce que je bouffais.

— Euh, à mon réveil, je bois de l'eau en bouteille, je mange une pomme verte et un yogourt nature, plus un croissant, et parfois des œufs.

— Pour le lunch ?

— Souvent des pâtes, ou du riz. Et des légumes.

— Vous mangez de la viande ?

— Oui, j'adore le zébu !

— Bien voilà ! Il est là, votre problème !

— Le zébu ?

— Ne saviez-vous pas que la viande de zébu, lorsqu'elle n'est pas suffisamment cuite, elle peut donner des vers ?

— Des vers ?

Et, pour la première fois, un client à qui la pharmacienne annonçait cette bonne nouvelle s'écroulait de rire sur le comptoir.

Pouet, pouet.

CUISINIERS SANS FRONTIÈRES

CHRONIQUE 121

Majunga — Madagascar

RICHARD DESJARDINS, PAS LUI, L'AUTRE, M'ÉCRIT DE MONTRÉAL :
« HEY BRUNO, PENDANT QUE TU ES À MADAGASCAR, PASSE
VOIR MON AMI RENÉ-YVES BEAULÉ, À MAJUNGA. IL EST LÀ-BAS AVEC
LES CUISINIERS SANS FRONTIÈRES, UNE ONG DU QUÉBEC.

« PARDON ? LES CUISINIERS SANS FRONTIÈRES ? EXCELLENT ! »

Samedi
9 décembre
2006

J'écris à René-Yves. « C'est où, Majunga ? » Il me répond : « Facile. Prends un taxi, de Tana (Antananarivo pour les intimes) c'est seulement 15 dollars. »

Oui, c'était bel et bien le prix. Il avait seulement omis de préciser qu'il s'agissait du taxi-brousse et d'une randonnée pénible de 600 km sur des routes en lacets de bottines attachés en jaloux, avec 12 passagers entassés qui répètent inlassablement : « Quand est-ce qu'on arrive ? J'ai mal au cœur ! »

Pendant la majeure partie du voyage, le paysage est spectaculaire de désolation ; de grandes étendues nues rongées par l'érosion, des canyons de terre écarlate qui se vident dans des rivières rouges, là où, il y a à peine deux générations, régnait une forêt vierge peuplée d'arbres immenses et d'espèces animales aujourd'hui en voie de disparition...

Ma récompense : au bout de 12 heures de tape-cul, parlant d'espèces rares, je me retrouve à Majunga devant deux splendides spécimens.

« À travers notre enseignement, nous essayons d'intégrer l'importance de préserver l'environnement. Avec les étudiants, on récupère, on se patente du compost, et on fait maintenant pousser des légumes où il y avait du sable. Et c'est reparti ! »

Lui, c'est Jean-Louis Thémistocle, dit Thémis. Malgache de naissance, Québécois d'adoption, enseignant à l'Institut de tourisme et d'hôtellerie du Québec (ITHQ). Et cofondateur de Cuisiniers sans frontières (CSF), en 2003, avec sa femme Lucie Carrier, qui a malheureusement quitté ce monde avant de voir le projet se réaliser. Comme dit Jean-Louis, le principe de CSF est simple : « La bouffe, c'est la vie. »

L'autre, c'est René-Yves Beaulé, lui aussi enseignant à l'ITHQ, qui ne s'est pas fait prier pour relever le défi. « J'avais déjà œuvré en Guinée comme bénévole, et le projet de CSF d'offrir gratuitement un enseignement de trois, quatre mois d'aide-cuisinier aux plus pauvres de la planète est vraiment extraordinaire et sans précédent. »

Il leur aura fallu trois ans pour mener à terme cette première étape de Cuisiniers sans frontières, avec la participation de tout le monde à l'ITHQ, à force d'encans, de spectacles-bénéfice et grâce à la générosité des marchands du marché Jean-Talon. Et beaucoup aussi grâce à l'hospitalité des gens de l'EMTH, l'École des métiers du tourisme et de l'hôtellerie de Majunga, qui ont bien voulu les accueillir dans leurs locaux.

« Personne au Canada n'a voulu nous aider au niveau gouvernemental », s'étonne encore Thémis.

Les candidats choisis ? « Ceux qui n'ont aucune formation dans le domaine culinaire, donc aucune possibilité d'emploi, et parmi eux, on a gardé les plus démunis. Il y en a qui vivent dans des maisons sans toit, d'autres qui dorment à cinq sur le même matelas », précise René-Yves.

« On veut briser le cycle de la pauvreté ! » ajoute Jean-Louis.

À la première remise des diplômes, en présence du consul de France (et en l'absence de toute représentation du Canada), l'émotion est vive. Les étudiants fondent en larmes à la réception de leur certificat.

« On est parti avec 18 étudiants. On finit avec 18. Et ça, on en est fiers », me confie Thémis, les yeux dans l'eau, en serrant dans ses bras le petit indomptable du groupe, Iddovick le rappeur, comique avec sa bouille de Tiger Woods junior.

« Ils ont travaillé tellement fort. Ils veulent vraiment s'en sortir. Et j'espère que... » ajoute René-Yves, qui s'interrompt, un sanglot dans la voix. « J'espère que ça sera mieux pour eux ! On ne va pas changer le monde, mais si on pouvait, au moins, lui donner un coup de main... »

Et la suite, monsieur Thémis ? « La suite ! Ben, on retourne au boulot, mon vieux. On a mis de l'argent de nos poches dans le projet parce qu'on y croyait, et on le refera s'il le faut. Parce que, depuis le temps, on n'espère plus de miracle. »

Ah non ? Moi si. J'en espère un tout petit. De chacun d'entre vous. Sinon je ne vous parle plus.

www.cuisinierssansfrontieres.org

L'ARBRE QUI EST TRISTE

Quelque part à Madagascar

DANS UN PARC, J'ÉTAIS SOUS UN ARBRE À ME DEMANDER POURQUOI JE RECEVAIS DES GOUTTES D'EAU SUR LA TÊTE ALORS QUE LE TEMPS ÉTAIT AU BEAU FIXE, QUAND UN GROS ANGLAIS A SURGI DE DERRIÈRE LE GIGANTESQUE TRONC.

**Samedi
16 décembre
2006**

Pit Pit Pete!

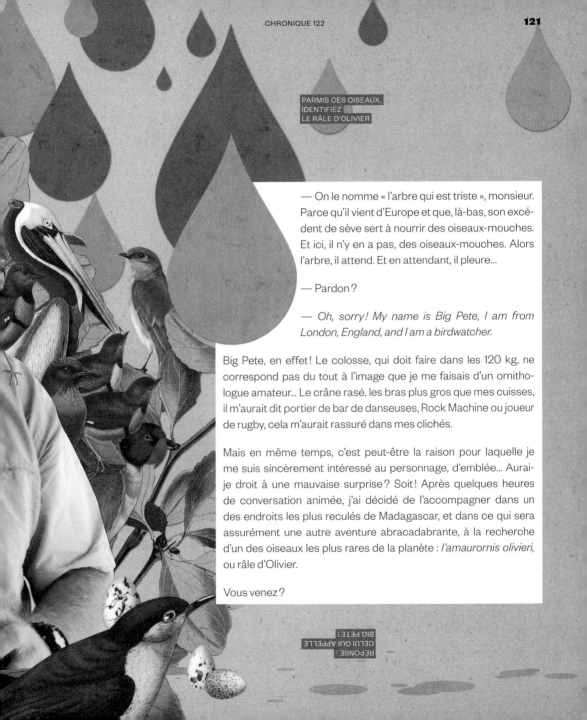

PARMIS CES OISEAUX,
IDENTIFIEZ
LE RÂLE D'OLIVIER

— On le nomme « l'arbre qui est triste », monsieur. Parce qu'il vient d'Europe et que, là-bas, son excédent de sève sert à nourrir des oiseaux-mouches. Et ici, il n'y en a pas, des oiseaux-mouches. Alors l'arbre, il attend. Et en attendant, il pleure…

— Pardon ?

— *Oh, sorry! My name is Big Pete, I am from London, England, and I am a birdwatcher.*

Big Pete, en effet ! Le colosse, qui doit faire dans les 120 kg, ne correspond pas du tout à l'image que je me faisais d'un ornithologue amateur… Le crâne rasé, les bras plus gros que mes cuisses, il m'aurait dit portier de bar de danseuses, Rock Machine ou joueur de rugby, cela m'aurait rassuré dans mes clichés.

Mais en même temps, c'est peut-être la raison pour laquelle je me suis sincèrement intéressé au personnage, d'emblée… Aurai-je droit à une mauvaise surprise ? Soit ! Après quelques heures de conversation animée, j'ai décidé de l'accompagner dans un des endroits les plus reculés de Madagascar, et dans ce qui sera assurément une autre aventure abracadabrante, à la recherche d'un des oiseaux les plus rares de la planète : *l'amaurornis olivieri,* ou râle d'Olivier.

Vous venez ?

RÉPONSE :
CELUI QUI APPELLE
BIG PETE !

ARBRE À MAJUN
MADAGASCAR

Découvert il y a 11 ans, le râle d'Olivier n'a été vu que par une poignée de gens, « une vingtaine au maximum », selon Big Pete. C'est un oiseau qui vit dans les marais et qui est équipé de pieds plus gros que son corps (oui, comme un adolescent de 13 ans), de façon à pouvoir marcher sur les nénuphars.

Pete tient une photo de l'oiseau qu'il a trouvée sur le Net, une photo qu'il garde toujours sur lui pour montrer aux autochtones ; il m'explique que cela est essentiel, quand on part à la recherche d'un oiseau aussi rare, parce que les gens ne l'appellent peut-être pas tous par le même nom. Pete traîne aussi avec lui un lecteur MP3, avec deux petits haut-parleurs, pour diffuser dans la forêt les chants des oiseaux qu'il recherche, afin de les attirer vers lui. « Un vrai romantique, celui-là », me dis-je en buvant mon énième pastis.

Nous sommes à la veille du départ, au bar Blues Café, sur la terrasse à l'étage, et comme ça fait au moins une heure qu'on a posé notre trente sous sur la table de billard, je vais voir ce qui se passe. Les deux grands Français qui jouent depuis tout ce temps m'accueillent sèchement en me disant d'aller voir ailleurs si j'y suis. Je retourne à Pete pour lui expliquer la situation. Pete se lève et se dirige vers la table de billard. Au bout de 15 secondes, j'entends un grand fracas. Je me précipite. C'est Pete, qui a empoigné le désagréable cousin et qui le tient par le collet à travers la fenêtre ouverte.

— Vous, les Français, vous savez tout, *right* ? Alors, vous devez bien savoir voler ? Je suis un *birdwatcher,* et j'adorerais voir ça.

Je réalise alors que je me suis trompé à propos de Pete. Ce n'est pas un romantique : c'est un poète.

La suite s'est déroulée très rapidement. Le partenaire du Français s'est emparé de la boule n° 11 (il avait sans doute les grosses) et s'est avancé vers Pete avec l'intention manifeste de la lui cogner sur le crâne. Pete, sans lâcher l'autre belligérant, s'est viré prestement et a envoyé son front dans le pif du Didier n° 2 (c'est lui qui a eu le coup de boule !). Le jojo est allé s'écraser le visage dans un poster de Lionel Richie (j'ouvre ici une parenthèse pour dire que, si j'étais Lionel Richie, je trouverais ça étrange de me voir la face sur un mur à Madagascar...). Puis, Pete, à peine essoufflé, s'est retourné vers moi.

— *Let's go.*

COMBIEN D'OISEAUX DANS L'ARBRE ?

Dehors, Pete s'est excusé. Il m'a expliqué qu'il en avait marre de l'arrogance de certains Français. Ici, il y en a des masses, dont un type de croulants qui essayent désespérément de ressembler à Johnny Hallyday... Pete m'a expliqué qu'il était autrefois un fan invétéré de soccer. Du genre, dangereux fan, banni en Italie.

— Disons que j'ai déjà eu des loisirs plus violents.

Demain, nous partons en ferry pour l'île de Nosy Be, et l'endroit où on débarque s'appelle... Hellville. Non mais, sans blague.

Noël en enfer avec un hooligan.

RÉPONSE :
IL Y A 28 OISEAUX DANS
L'ARBRE... ET L'ARBRE
EST DANS SES FEUILLES
MARILON...

NOËL IN HELL

CHRONIQUE 123

Mer reculée de Madagascar

PETE ET MOI, NOUS SOMMES TREMPÉS JUSQU'AUX OS. ON NOUS AVAIT CONSEILLÉ DE RÉSERVER DES PLACES EN TROISIÈME CLASSE SUR LE BATEAU, PARCE QUE LE BILLET EST LA MOITIÉ DU PRIX DE CELUI DE LA PREMIÈRE CLASSE ET QUE LES SIÈGES SONT TOUT AUSSI CONFORTABLES, CE QUI EST VRAI ; SAUF QU'ON NE NOUS AVAIT PAS DIT QUE, CHAQUE NUIT, IL PLEUT À FAIRE DÉBORDER LA MER, ET QUE LE PLAFOND DE LA TROISIÈME FUIT. HEUREUSEMENT, LE SOLEIL SE LÈVE ET, SUR LE PONT, ON FINIRA BIEN PAR SÉCHER.

Samedi
23 décembre
2006

ABU HOTEL
HELL - VILLE NOSY - BE
MADAGASCAR
Tel. 86 610 55

Date	Chambre	Petit déje...
23 déc	30000	

lémur

Big Pete, qui n'a pas perdu le moral, m'explique son plan.

— À Hellville, nous irons au port et nous louerons les services d'un marin local, et de son boutre (bateau traditionnel malgache, tout de bois, à deux voiles, sans cabine et sans moteur), et nous irons explorer la côte ouest, où il n'y a pas d'accès par la route. Nous ancrerons le boutre et nous remonterons ensuite les rivières en pirogue pour visiter des villages qui ne voient jamais débarquer d'étrangers. Ça va être fabuleux.

— Et où dormira-t-on ?

— On trouvera.

— D'accord… Et tout ça pour un oiseau ? (J'avoue que j'ai encore de la difficulté à comprendre la passion pour les oiseaux, et mon ami Pierre Verville, faudra un jour que tu m'expliques.)

— Y'a pas que l'oiseau… Y'aura aussi les requins-baleines ! Tu aimes les poissons ?

Tu parles.

À Hellville, les négociations sont plus ardues que ne l'avait prévu Pete ; il y a beaucoup de choix, et les écarts de prix sont importants. Pour un deux mâts, propre, avec un cuisinier et un bon pêcheur-chasseur (essentiel pour la bouffe, parce qu'il n'y a pas de frigo et on devra se contenter de ce qu'on attrapera), on croit pouvoir s'en tirer à 50 dollars par jour. En attendant de dénicher la perle rare, je sors plonger.

Ce matin, pas de baleines, mais de belles plongées malgré tout : aux Gorgones, après avoir traversé un immense banc de carangues, j'ai été encerclé par une centaine de barracudas. Un moment rare et magique. Vous voulez savoir comment on fait pour les attirer ? Il suffit d'agiter sa main comme un petit poisson en difficulté. Faut juste s'arrêter avant de se la faire manger… Parce que après, j'imagine que ça doit être moche. Surtout quand c'est la main avec laquelle tu écris.

Mais ça vaut le risque. Parce que devenir une proie sous l'eau, où ta vie déjà ne tient qu'à un tuyau, ça te rentre dedans comme un atterrissage d'avion. Tu savoures encore plus chaque respiration. Tu l'inspires lentement... Tu l'expires au compte-bulles. Tu essayes d'être le plus immobile possible. Tu ne te poses aucune question. Tu n'élabores aucun plan. Tu ne prends pas de décisions. T'inspires. T'expires.

— ... Et tu ne fais qu'exister. Dans une nouvelle dimension. Celle des poissons.

— *That's it ?*

Pete me regarde avec un drôle d'air, après mon envolée littéraire à quinze sous.

— Oui, c'est tout ! Et toi Pete, comment te sens-tu, quand tu observes le vol des oiseaux ?

Pete réfléchit pendant une seconde en regardant le ciel. Puis, ses yeux s'illuminent.

— *I feel like a big fat bloke.*

Un poète, je vous dis.

Ça y est. On a trouvé LE boutre. Il est bleu et il flotte. Son nom ? Le Masculin ! Avec un beau capitaine bronzé avec une moustache. Et trois matelots. Soixante dollars par jour que la location nous coûtera, plus les légumes et les fruits et les biscuits et les croustilles et les bouteilles d'eau et de rhum qu'on ira acheter au marché de Hellville. Nous partirons dans deux jours, à 4 h du matin, à cause de la marée ; et notre première étape sera l'archipel des Radames, où l'eau turquoise est, paraît-il, tellement limpide qu'on voit les fonds à 30 mètres.

Bon. Je raconte ça comme si ça allait être l'aventure la plus extraordinaire au monde, mais je sais très bien que le 25 décembre au soir, encore une fois trop loin de la famille et du réveillon, en mangeant mon plat de thon sur le pont, ça va être un peu triste...

Je vais arrêter d'écrire avant d'avoir trop gros le motton.

Et vous souhaiter un joyeux Noël blanc.

CAPITAINE BONHOMME

Madagascar en mer

PERSONNE NE M'AVAIT PRÉVENU (PEUT-ÊTRE AURAIS-JE DÛ Y
SONGER?), MAIS À BORD D'UNE EMBARCATION DE BOIS SANS MOTEUR,
AU MILIEU DE L'OCÉAN, QUAND ÇA VA MAL, ÇA VA MAL. LA PROCHAINE
FOIS QUE JE VOUS PARLE D'UN PROJET AUSSI INSENSÉ,
POURRIEZ-VOUS S'IL VOUS PLAÎT ME RAMENER SUR TERRE?

**Samedi
30 décembre
2006**

Bref, la galère! Une aventure rocambolesque! Avec du suspense, de l'amour, des moments d'extase, et puis des heures de terreur... Je vous raconterais tout, vous ne me croiriez pas. Je vais quand même faire un effort pour vous résumer le cauchemar et le reprendre du début.

Enfilez vos vestes de sauvetage.

Je me plais souvent à dire que le voyageur accompli n'est qu'un bon gestionnaire de problèmes en territoire étranger. Dans cette optique, nous allions être ravis.

L'après-midi avant le départ, il nous fallait prévoir des provisions pour une expédition de huit à 10 jours, en tenant pour acquis que les îles et les villages où nous débarquerons n'auront ni Tesco, ni SAQ, ni de Pizza Domino livrée en moins de 30 minutes ou elle sera gratuite.

Le capitaine s'occuperait de nous trouver deux cuisinières, pour gérer la cafétéria.

Première dure réalité : nous, qui croyions aller au marché acheter simplement fruits et légumes et riz et pâtes (et combiner le tout aux poissons pêchés), constatons progressivement que pour faire la cuisine, quand on part à zéro, ça prend aussi de l'huile, des condiments, des épices, de la farine, puis des ustensiles, des bols, des tasses, des chaudrons, etc., etc.

Et de l'eau en masse!

Aurons-nous assez des 40 litres que nous avons déterminés comme suffisants? Nous devrons maintenant survivre avec. (À ce sujet, je transporte d'ordinaire avec moi des comprimés pour purifier l'eau... Mais j'ai oublié d'en racheter, l'idiot! Je vous conseille fortement de vous procurer ces petites pilules. Ça fonctionne, et ça évite d'acheter tout plein de bouteilles de plastique qui se retrouveront inévitablement dans le champ d'un pays en voie de développement.)

Après trois heures de magasinage donc, à improviser le menu de 30 repas, c'est complètement crevés que nous rentrons au bateau, avec trois immenses sacs poubelle de manger et de boire, afin de rencontrer, pour la première fois, les deux cuisinières recrutées par le capitaine. Sans doute à cause d'un problème de communication, ce ne sont pas des cuisinières, mais bien des putes qu'il nous a ramenées!

Moins de 12 heures avant l'embarquement, un petit moment de panique gagne notre duo. Pete a une idée.

— Partons immédiatement en ville (Hellville, je vous le rappelle), et demandons à des femmes qui cuisent des brochettes sur le trottoir (les maskitas) si elles veulent venir en bateau pour une semaine.

Je ris.

— Tu penses en convaincre une, à 10 heures d'avis?

— Je pense en convaincre deux... Avec ceci.

L'Anglais sort une liasse de billets de sa poche. Les voyageurs anglais, ex-colons, contrairement à nous, ex-colonisés, n'ont souvent aucune pudeur face à l'expression de leur supériorité économique sur les habitants des pays les plus pauvres. Parfois, ils me mettent un peu mal à l'aise, mais force est d'admettre que Pete a raison sur un point : ici, l'argent mène le monde.

Parce qu'il en manque affreusement.

Trente minutes et deux stands à brochettes plus tard, nous avons trouvé nos deux cuisinières. Rita et Titina. Deux belles femmes, fortes, amusantes et excitées de partir, comme ça, à quelques heures d'avis.

Quelle journée! Nous nous réjouissons de notre redoutable efficacité.

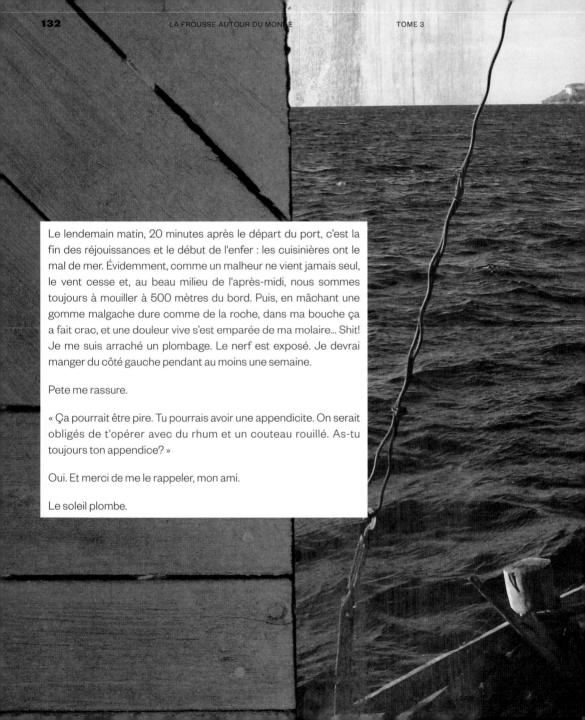

Le lendemain matin, 20 minutes après le départ du port, c'est la fin des réjouissances et le début de l'enfer : les cuisinières ont le mal de mer. Évidemment, comme un malheur ne vient jamais seul, le vent cesse et, au beau milieu de l'après-midi, nous sommes toujours à mouiller à 500 mètres du bord. Puis, en mâchant une gomme malgache dure comme de la roche, dans ma bouche ça a fait crac, et une douleur vive s'est emparée de ma molaire... Shit! Je me suis arraché un plombage. Le nerf est exposé. Je devrai manger du côté gauche pendant au moins une semaine.

Pete me rassure.

« Ça pourrait être pire. Tu pourrais avoir une appendicite. On serait obligés de t'opérer avec du rhum et un couteau rouillé. As-tu toujours ton appendice? »

Oui. Et merci de me le rappeler, mon ami.

Le soleil plombe.

CAPITAINE BONHOMME

Madagascar en mer — Deuxième partie

13 H : LE VENT REPREND DU SERVICE. ENFIN, ON BOUGE. PAS TRÈS RAPIDEMENT, MAIS NOUS RÉUSSISSONS TOUT DE MÊME À NOUS RENDRE À UNE PREMIÈRE ÎLE, NOSY TANIKELY, OÙ NOUS NAGERONS AVEC DES TORTUES DE MER, PENDANT QUE LES CUISINIÈRES DÉBARQUÉES À TERRE NOUS PRÉPARENT UN POISSON AU COCO BON À S'EN LÉCHER LES DOIGTS. NA NA NANA NA. APRÈS LE DÎNER, TITINA ME PREND PAR LA MAIN ET M'AMÈNE EN HAUT DE LA COLLINE, DANS LA JUNGLE, JUSQU'À UN POINT D'EAU.

**Samedi
6 janvier
2007**

BRUNO BLANCHET,
PIRATE DES
ÎLES MALGACHES.

Sans crier gare, elle se déshabille.

« Tu viens te laver ? »

Wow. Je suis dans une scène du *Lagon Bleu,* avec une panthère noire au lieu de Brooke Shields. La lune, intimidée, se cache derrière les nuages. La nuit sera noire. *Black is beautiful.*

Le premier réveil sur le bateau est lourd. Il s'est mis à pleuvoir, vers 3 h du matin, et nous avons dû nous réfugier dans la petite cabine, un étouffant cabanon de deux mètres cubes avec deux minuscules portes qui ouvrent par en-dedans, où le matelas – une mousse qui pue la sueur de 1000 marins – a fini par être plus mouillé que le reste ; et Big Pete, qui occupe la moitié de l'espace, nous oblige à dormir en cuillère, Rita, Titina et moi, dans une chaleur suffocante.

En plus, il ronfle comme un mammouth, le gros *crisse* d'Anglais.

Malgré tout, nous sommes chanceux : les marins, eux, dorment dans la cale, allongés sur des poutres de quatre pouces de large. Ils ont toute mon admiration.

Le jour se lève. Je sors sur le pont. À l'horizon, le ciel est sombre. Sombre et grave. Très grave. Très très grave. Le matelot à la barre a l'air contrarié. Les trois autres sont assis autour du BBQ, à attendre que l'eau bout. Personne ne rigole. Tout cela ne me dit rien qui vaille.

« Si ça craint trop, on peut rester ici », je suggère timidement au capitaine.

« Hum… Ça devrait aller. »

Tant pis. Les voiles sont levées.

Et ça n'a pas tardé. Aussitôt dépassées les limites de l'île, en pleine mer, bang ! on se cogne contre la tempête. Une première rafale tend brusquement les voiles comme Babette son soutien-gorge, et le boutre, d'un coup, se renverse sur le côté, presque à la verticale, jetant à la mer le chaudron d'eau bouillante et menaçant de faire de même avec l'équipage et les deux bozos qui ont payé pour vivre ça. Je me tourne vers Pete. Il est livide.

J'ai peur. Ce n'est pas drôle du tout.

Une autre bourrasque change complètement notre cap, et maintenant, en plus du vent qui essaie de nous chavirer, nous nous prenons les vagues de côté. J'aimerais pouvoir fermer les yeux et m'imaginer sur un La-Z-Boy, en pantoufles, avec une télécommande à la main. Mais la terreur me paralyse et m'empêche de m'échapper dans mes pensées.

« Tabarnak ! », me lance le capitaine, déjà à l'aise avec l'expression que j'ai employée à satiété depuis l'embarquement.

Il louvoie sur le pont, s'agrippant tant bien que mal aux câbles. Il arrive à se saisir du mât. Puis, il réussit à décrocher la grand-voile. Nous survivrons.

Mais ce n'est pas terminé.

Après la tempête, c'est l'arrivée à l'île d'Anziabe. On jette l'ancre à quelques centaines de mètres de la rive, en face d'une belle plage de sable blanc. Le capitaine et un moussaillon partent en pirogue, avec des bidons, pour aller chercher de l'eau potable. Et moi, très excité à l'idée de pouvoir enfin poser le pied sur le plancher des zébus, sans réfléchir je plonge à la mer, et j'entreprends de me rendre au bord à la nage.

Ne JAMAIS faire ça.

Primo, la distance était beaucoup plus grande que je l'avais estimée. Deuzio, il y avait un fort courant. Et tertio, à une dizaine de mètres de la plage, à la limite de l'épuisement, je me suis retrouvé pris au piège entre des restants de vagues de tempête et des récifs bourrés d'oursins, par moins d'un mètre de fond.

Forcé de rebrousser chemin, je suis arrivé au boutte complètement vidé, et j'ai constaté, pour la première fois, qu'il n'y avait pas d'échelle pour monter à bord du bateau !

Je devais donc rester à l'eau et attendre le retour de la pirogue.

Ils sont revenus au bout de 45 minutes. À la fin, je comptais les secondes...

MADAGASCAR

C

VOYAGE :

Fin du Jour 2. Je me réjouis. Je n'ai pas encore fait de crise d'appendicite. À suivre...

N⁰ 000942

CAPITAINE BONHOMME

Madagascar en mer — Suite et fin

LA SEMAINE DERNIÈRE, BRUNO ET SON AMI BIG PETE AMORÇAIENT
UN LONG VOYAGE EN VOILIER, DANS LA JOIE ET L'ALLÉGRESSE.
CINQ JOURS PLUS TARD ...

« *I AM GOING TO KILL HIM!* » C'EST PETE, QUI SORT DE LA CABINE
AVEC LES POINGS SERRÉS ET LE VISAGE ÉCARLATE, POUR ALLER
ENGUIRLANDER LE CAPITAINE.

**Samedi
13 janvier
2007**

Bon. Ne manquait plus que ça. Il n'y a plus de fruits à bord, plus qu'une seule bouteille de rhum, très peu d'eau, les poissons ne mordent pas à l'hameçon, un barracuda et une carangue nous ont brisé deux lignes, il fait 3000 degrés Celsius et les patates pourrissent. Difficile ? Oui. Mais la chose que je redoutais le plus vient de se matérialiser : la colère de Big Pete. Je savais qu'il allait finir par éclater, le gros ours.

Parce que, depuis le départ, le capitaine se moque un peu de nous. « On ne longera pas la côte parce que la brise est au large », nous a-t-il d'abord annoncé, alors qu'il nous avait promis le contraire ; une immense déception pour Pete « l'ornithologue » parce que c'était justement le but de l'expédition : descendre le long de la rive à la recherche du râle d'Olivier, son oiseau rare.

Puis, du même capitaine est venu ensuite le controversé « Impossible de débarquer sur cette île à cause des fonds », alors que l'endroit paradisiaque était prévu à l'itinéraire… Et finalement, prétextant un problème de vent, et après un détour pas possible, nous débarquons maintenant sur une île où, par hasard, habite la famille du capitaine !

La famille Bonhomme, ouais.

Pete ne dérougit pas. Celle-là est de trop. Il continue à gueuler. Il exige un remboursement, sinon il casse tout. Ayayaye. J'ai vu ce dont il était capable, l'Obélix, et s'il fallait qu'il pète vraiment un plomb sur le boutre... Les matelots malgaches chuchotent entre eux en jetant des regards désapprobateurs en direction de Pete. Le capitaine se réfugie dans la cale, où il se sait à l'abri : Pete ne passe pas dans le trou. La tension monte. Les Malgaches sont cools, le *mora mora* qu'ils appellent ça ici, mais il y a des limites : ils sont quand même des descendants de pirates. Un d'entre eux aiguise un couteau, avec un air pas très rassurant... Et comme nous sommes au milieu de l'océan, sans aucun moyen de communication, qui sait ce qui pourrait arriver ?

J'essaye de raisonner mon ami, en jouant sur sa corde sensible. « Pete, si tu continues, ils vont nous tuer, nous découper en morceaux et nous jeter aux requins. Et comme ils ne voudront pas de témoins, ils devront aussi tuer Rita et Titina, les cuisinières. »

Silence. Pete me regarde comme si j'avais un ananas sur la tête. Puis il éclate de rire.

« Bruno, tu as trop d'imagination. Nous découper en morceaux ! Et puis quoi encore ? Nous manger peut-être ? »

Tiens, je n'y avais pas pensé.

À la barre, un marin hurle : « *Karazan, karazan, karazan !* »

« *All right !* fait Pete en se précipitant à la rescousse, nous avons un thon ! » Je souffle. Pourvu que ça change le mal de place. Et pourvu que le poisson ne nous échappe pas encore une fois...

Le thon est à une dizaine de mètres du bateau. La bête offre un redoutable combat. Le pauvre petit marin en arrache avec sa ligne. Elle lui glisse des mains. On comprend pourquoi lorsqu'on voit soudainement apparaître le dos du poisson à la surface de l'eau... C'est un monstre ! Pete n'hésite pas une seconde. D'une main, il tasse le marin et de l'autre, il attrape le fil et, sans aucune difficulté, remonte fièrement un thon de... 40 kilos !

Spontanément, c'est la fête à bord. On sort la bouteille de rhum. On danse le *salegi*. Tout le monde chante « *Mapuka mapuka* » !

Big Pete et le capitaine découpent ensemble le poisson. Sa chair est rouge.

Comme le soleil couchant.

des amis sur une
île (Boutre MADA)

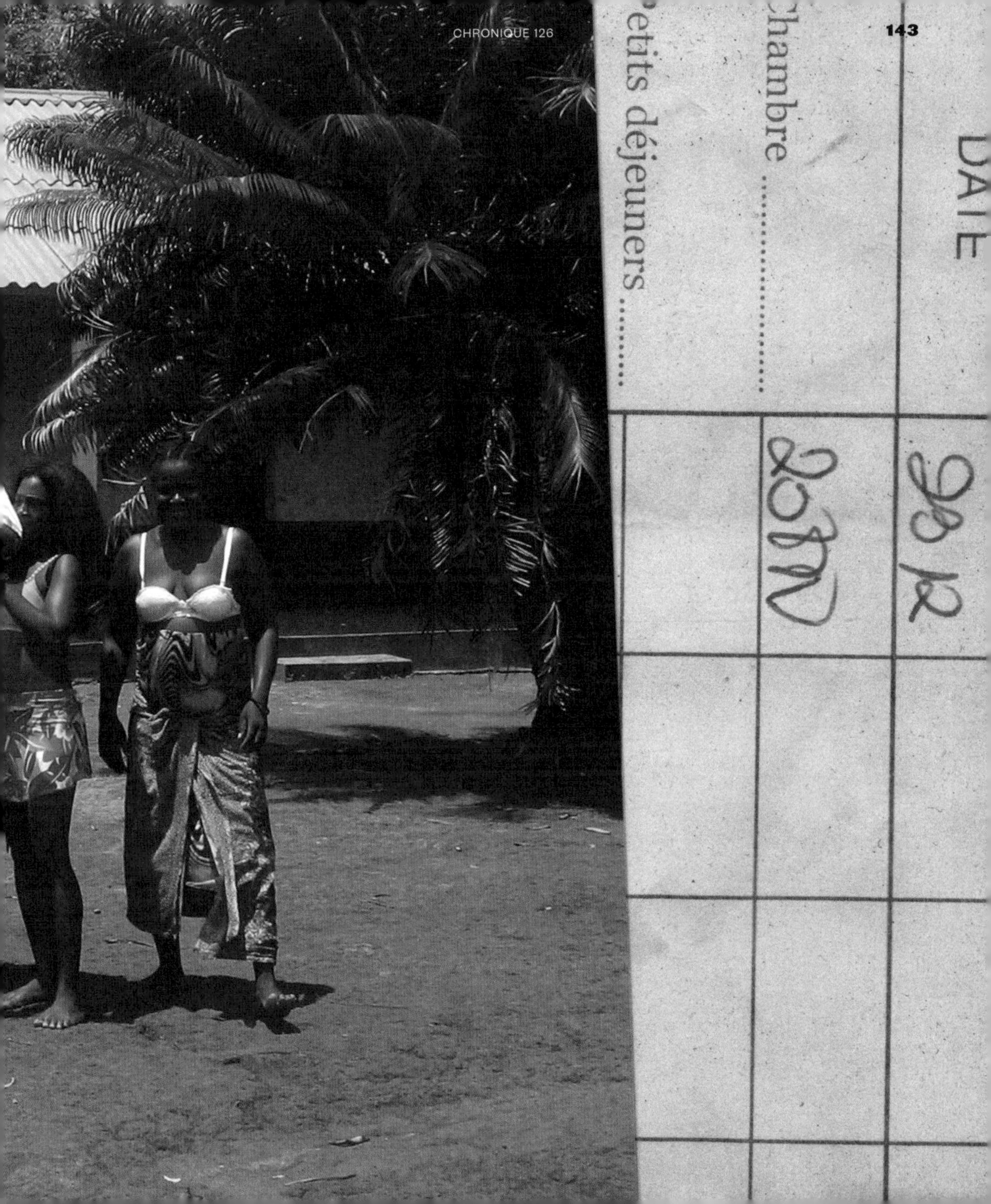

DU BLANC AU NOIR

From : *Airpo...*

To: *Melvill...*

The sum of : ....

CHRONIQUE 127

Johannesburg — Afrique du Sud

ENTER AT OWN RISK. ENTREZ À VOS PROPRES RISQUES.

**Samedi
20 janvier
2007**

Voilà ce qui est écrit au-dessus des portes de l'aéroport de Johannesburg. J'ignore qui a eu cette brillante idée, et j'ignore s'il s'agit d'ironie, de zèle, d'humour noir ou de maladresse, mais c'est franchement une géniale introduction à l'Afrique du Sud. Seulement l'an dernier, 18 000 meurtres, 55 000 viols et 250 000 agressions ont été reportés dans le pays le plus riche du continent africain.

Au comptoir du café où je relaxe un instant avant d'affronter le monde, je regarde, par-dessus l'épaule de mon voisin, les grands titres du journal *The Daily Sun*. Trois adolescentes retrouvées mutilées derrière une église. En pleine rue, il abat sa copine et se tire une balle dans la tête. Une femme de 78 ans battue et violée à son domicile. Un désespéré poignarde sa femme et son enfant de 10 mois. Trois hommes soupçonnés de vol sont battus à mort par la foule.

Wow. Je m'ennuie déjà de Madagascar et de son petit problème de bière chaude.

Dans le taxi Mercedes qui me mène de l'aéroport à l'hôtel, il n'y a pas de bouton, ni de manivelle, pour baisser la vitre du côté du passager. « Il est beaucoup mieux de garder les vitres fermées ici, me confie le conducteur, car quelqu'un pourrait entrer la main dans la voiture et voler quelque chose. » Ah bon ! Et maintenant que nous roulons à 120 km/h sur l'autoroute, j'aimerais bien voir la tête du voleur qui réussirait à entrer la main dans le véhicule et à fouiller dans ma poche.

Road Runner ? Bip bip !

Je crois plutôt que celui qui est en train de me voler est assis derrière le volant... La course en taxi me coûte le même prix qu'un billet de train jusqu'au Cap ! Enfin.

Le reste de l'après-midi est teinté du même niveau de paranoïa. Autour de l'hôtel Space, l'établissement branché que j'habite dans le quartier de Melville (une banlieue à la mode de Johannesburg qu'un voyageur m'a recommandée), une clôture électrifiée se dresse sur trois mètres de haut. La patronne du bâtiment, une grande blonde Boer, aussitôt après m'avoir remis les clés, me met en garde :

— Si vous sortez, Monsieur *Blanchit* (c'est joli, hein ?), vous devez toujours barrer la porte d'entrée à double tour ; et vérifier, avant d'ouvrir la porte de l'extérieur, s'il n'y a pas de « personnes louches » qui traînent aux alentours.

D'accord. À quoi ressemble une « personne louche » ? Ne me le dites pas... À une personne de race noire ?

— Si vous vous déplacez à pied dans le quartier, évitez les petites rues et les ruelles et, surtout, ne vous baladez pas seul au centre-ville : c'est très risqué si vous ne connaissez pas précisément l'endroit où vous allez.

Bon... Et qu'est-ce que je fais ici ? Des promenades en taxi ?

Sur la coquette 7e Avenue du quartier de Melville, galeries d'art, restos japonais, grecs ou affichant « nouvelle cuisine » ont pignon sur rue. Trois ou quatre employés noirs de la voirie passent le balai pendant que des Blancs, assis aux terrasses, se boivent un verre de rosé dans des coupes de cristal. Des BMW, des Range Rover et une Jaguar sont garées devant les riches établissements. Je commande une bière. Une Black Label. Elle n'est pas chaude. Wow ! Il y aura au moins ça de positif. Parce que le reste me laisse de glace. Et coûte beaucoup trop cher.

Elle est passée où, l'Afrique ?

Je ne me sens pas bien. Je suis complètement décalé. Avec mon pantalon de jungle malgache, mon vieux t-shirt des Cuisiniers sans frontières (cuisinierssansfrontieres.org), mes lunettes laides du Yémen et ma coupe de cheveux *home made,* je vois très bien que je ne cadre pas dans le portrait. Le regard snob et occidental qu'on pose sur moi, d'ailleurs, me confirme que je n'ai pas le « look » et que je ne fais pas partie du « groupe ».

TOUT JUSTE ARRIVÉ
À JOHANNESBURG,
EN AFRIQUE DU SUD,
JE M'ENNUIE DE
MADAGASCAR,
OÙ LES FEMMES,
COMME EN BIRMANIE,
SE METTENT
UNE PÂTE DANS
LE VISAGE
POUR SE PROTÉGER
DU SOLEIL.

Mais je m'en crisse, et au-delà de ce jugement banal, je cherche désespérément une autre dimension à l'équation : et une seule bonne raison de courir m'acheter une chemise Dior, et des lunettes Gucci, pour me fondre à la masse des colons...

L'endroit est dangereux, d'accord, mais ce n'est pas le danger lui-même qui m'effraye : c'est le fait qu'en quelques heures seulement, une poignée d'individus aient réussi à me refiler leur malaise.

Il y a des voyages qu'on inscrit dans sa mémoire comme un diaporama : des paysages spectaculaires, une vallée, le marché coloré du dimanche, le soleil et la mer, et ça, c'était ma chambre, avec vue sur la forêt; et il y a les autres voyages, où on fait simplement des rencontres extraordinaires.

À Mada, cet endroit fabuleux, il y eut les deux.

À JBurg, c'est moche, et je sais que je ne rencontrerai personne. Sinon peut-être... un balayeur de rue. Alors, pourquoi rester ici? Aussi bien aller vivre chez lui.

Dès demain, je pars m'installer à Soweto.

LE ghetto.

SOUTH AFRICAN

SOWETO MON AMOUR

Soweto — Afrique du Sud

VOUS RETIREZ LES BARBELÉS, ET ÇA RESSEMBLE À CHOMEDEY.

Samedi
27 janvier
2007

EKHAYA
GUESTHOUSE CC
A Homely Experiece

Le quartier Orlando Ouest de Soweto est à mille lieues du ghetto glauque auquel je m'attendais. Une gentille petite banlieue (de banlieue) avec des parterres fleuris, de belles grosses maisons, des vieux messieurs qui vous saluent, des enfants qui s'amusent, des voitures propres et, surtout, durant le jour, beaucoup de touristes... Oui, des touristes !

Cela s'explique : la rue Vilakazi d'Orlando Ouest est la seule rue au monde où ont habité deux lauréats du prix Nobel : Nelson Mandela et l'archevêque Desmond Tutu.

D'ailleurs, directement en face du *bed and breakfast* où je crèche, se trouve la maison de l'archevêque Desmond Tutu. Un bâtiment moderne, gris, carré, aux grandes fenêtres sombres, ceint de l'incontournable clôture électrifiée, sur laquelle il est en plus affiché : « *Armed Response* » ou « réponse armée »... Ce qui signifie peut-être que, si vous entrez par effraction, l'archevêque vous attend avec une AK-47 et un tire-roquettes.

Paula, la patronne du B&B, m'a reçu ce matin comme si je faisais partie de la famille.

— Bruno, si tu as besoin de quoi que ce soit, tu le demandes : surtout, ne te gêne pas ! Et si je suis sortie, t'as qu'à fouiller, tu finiras bien par trouver. Et mets des pantoufles, tu vas avoir froid aux pieds.

— Euh... Et pour la porte du devant, est-ce que j'ai une clé ?

— Non, ce n'est pas nécessaire. Ici, les portes ne sont jamais barrées. Veux-tu du gâteau ?

Ha ! Moi qui croyais partir à l'aventure, explorer des territoires où l'homme blanc n'a pas encore posé le pied, je me retrouve chez ma matante Rachel en 1973, dans le bon vieux temps des portes débarrées... Aussi bien faire du tourisme, dans ce cas.

ma belle madame à Soweto

Je pars donc à la découverte du quartier avec le voisin, Shadrak, un « guide » que m'a recommandé ma chère Paula. Nous allons d'abord voir le monument au coin de la rue où est mort, en 1976, le jeune Hector Pietersen : celui qui allait devenir le martyr pour la cause, après que la photo de son corps inerte fut publiée partout dans le monde. Puis, à l'église Regina Mundi, Shadrak me montre les dommages causés par les autorités lors d'une intervention musclée : autel fracassé, balustre démoli, statue de Jésus aux mains brisées et trous de balles partout. Ensuite, au Hector Pietersen Memorial, un musée fort intéressant, où j'apprends un tas de trucs sur l'histoire de Soweto. Et finalement, une déception : le « musée » de Nelson Mandela, une petite maison trois pièces qu'il a habitée avec sa première femme Evelyne (et aussi avec Winnie), où l'on n'a vraiment presque rien à raconter. On nous montre quelques photos jaunies, des photocopies, la ceinture de champion de boxe WBC que lui a offerte Sugar Ray Leonard (je l'ai touchée, Papa!) et quatre paires de bottines que Nelson a portées, que la « guide officielle » nous décrit pendant 10 longues et absurdes minutes.

SALON
NELSON MANDELA

— À gauche, les premières bottes : elles sont brunes, en cuir, et Nelson Mandela les portait pendant qu'il était dans l'armée, *blabla,* il était jeune, *blabla,* et un jour, il les a laissées chez une femme, madame XYZ, qui les a gardées pendant 32 ans!

— 32 ans?

— Oui, elles les a gardées pendant 32 ans! N'est-ce pas fantastique?

Les Bottes de Nelson

— Ouf... À qui le dites-vous ! J'ai presque envie de me jeter par la fenêtre.

Bref, la journée s'achève dans un *sheebeen,* un bar local illégal, dans la cour arrière d'une maison ordinaire, où mon guide prend un double scotch sur mon bras. On les appelle les *sheebeen* parce qu'à l'époque où les policiers conduisaient des raids sur ces débits de boisson, la patronne du bar réussissait toujours à échapper aux flics, grâce à une trappe dissimulée sous le bar... Frustrés, les flics se mettaient alors à tabasser les clients, en leur criant : « *Where's she been? Where's she been?* »

Traduction libre : « Où est-elle passée ? », en anglais de Boers.

La musique joue à fond (du Soweto jazz, et c'est pas mal bon) et les clients, tous déjà soûls (il est quatre heures de l'après-midi), se battent entre eux pour m'offrir à boire.

« *Welcome, brotha' Canada!* »

« *No, he' my brotha'!* »

Shadrak me demande si j'ai apprécié ma journée.

Bien sûr, Shadrak, j'ai aimé la visite, mais je suis un peu déçu. Je n'ai pas l'impression d'avoir vu Soweto. *The real Soweto!*

Une voix résonne.

« Tu veux le voir, le vrai Soweto, mon petit bonhomme ? »

Un homme blanc d'une cinquantaine d'années, chauve, avec un œil paresseux et une dent en moins, s'approche en claudiquant. Un véritable personnage de film de pirates.

« C'est Walter, mon voisin », me murmure Shadrak, « un fils de banquier excentrique qui habite ici depuis une vingtaine d'années. Méfie-toi Bruno ! »

Walter me pose la main sur l'épaule.

« N'écoute pas ce vieux schnock, *Brotha'*. Il a peur de son ombre ! Alors... Tu veux le voir, le vrai Soweto ? Rendez-vous chez moi, ce soir, 10 h. Tu ne le regretteras pas. »

J'hésite. Ça vous dit ?

LA STATUE JÉSUS,
AMPUTÉE
PAR LA POLICE
LORS DU RAID
DE L'ÉGLISE
REGINA MUNDI,
EN AFRIQUE DU SUD

DEUX GAMINS 10 GRENADES ET UNE MITRAILLETTE

Ratatatata

CHRONIQUE 129

Soweto — Afrique du Sud

— ET TOI, BRUNO... AS-TU DÉJÀ TUÉ QUELQU'UN?

— PARDON?

**Samedi
3 février
2007**

Agacé, Walter dépose son verre. Mes histoires de voyage l'emmerdent. Il m'écoute poliment, depuis une dizaine de minutes, mais je vois très bien que mes récits de patins à roulettes au Japon et de bicyclette en Ouganda l'ennuient profondément. Gnagnagna. De la petite bière! Résigné, je m'enfonce dans le fauteuil. Il se lance à l'attaque.

«Soweto. Septembre 1990. L'Afrique du Sud est en pleine crise politique. Ça fait quatre ans que je suis installé ici. De la fenêtre de ma cuisine, pendant trois soirs consécutifs, j'observe un étrange manège : les soldats apportent de la boisson – et probablement aussi de la drogue – aux habitants des « hostels », les Zulus ; peuple belliqueux de nature et partisans de l'Inkhata, ils sont contre le mouvement de révolte des Noirs des *townships*. Et je soupçonne le gouvernement de vouloir maintenant exploiter le filon pour renverser la rébellion... Je préviens tout le monde à Mzimhlophe (le quartier pauvre de Soweto où Walter habitait, prononcé « Mezimeklopé », le hl en zulu étant l'équivalent d'une espèce de k aspiré, comme un clic). Je cours de porte en porte, et je leur dis : « Les amis, il va se passer quelque chose. » Évidemment, personne ne me prend au sérieux : les autochtones m'aiment, mais ils croient encore que je ne suis qu'un Blanc (rappel de l'auteur : Walter est hollandais, et il est très « Blanc »). Puis, le quatrième soir, l'armée distribue des fusils, des machettes, des bâtons... Ha! J'avais raison! Quand les Zulus ont voulu passer à l'attaque sur le *township,* moi, j'étais prêt. J'avais creusé une tranchée sur mon parterre et je m'étais armé d'une mitraillette et d'une poignée de grenades... Alors là, Bruno, mon vieux, ça nous est tombé dessus comme un tsunami. Des centaines et des centaines de Zulus complètement saouls et *stoned* qui dévalent soudaine-ment la pente en hurlant et en brandissant leurs armes. AAAAH! Deux garçons que je ne connaissais pas viennent se planquer avec moi. Je leur crie aussitôt de lancer les grenades. « Go! » Et je tire dans le tas. Ratatatatatatata! T'aurais vu, les Zulus tombaient comme des mouches. Mais ils continuaient à avancer. J'ai crié aux jeunes : « Bordel, qu'est-ce que vous faites avec les grenades!?! », « Elles n'explosent pas! » qu'ils m'ont répondu. Les cons! Ils les lançaient sans les dégoupiller!

Ayayaye. Si les Zulus s'en aperçoivent, c'est nous qui allons manger une grenade dans la gueule! Vite, je leur ai montré à dégoupiller, et puis BABOUM!, ça s'est mis à péter, BADABOUM!, et les Zulus qui éclataient en mille morceaux, et RATATATATA!, le sang qui giclait comme un feu d'artifice... Vaincus, les Zulus ont battu en retraite. Et ce jour-là, moi, Walter, avec deux gamins, 10 grenades et une mitraillette, j'ai sauvé le *township* et ses milliers d'habitants d'un massacre épouvantable. »

Après avoir mimé la scène avec une intensité à la « soldat Ryan », Walter, en nage, attrape la bouteille de scotch et s'envoie une rasade à noyer les trois derniers bélugas du Saint-Laurent. Et il lâche un gros rot.

« Buuuuuurp! »

Je vous jure que j'ai le don de me retrouver avec des énergumènes de première classe : après deux semaines passées avec Big Pete, l'imprévisible *hooligan* anglais, me voici à Soweto en tête à tête avec un Hollandais fou assassin et/ou mythomane. Je vais commencer à croire que j'ai un drôle de karma...

« Alors, on y va, voir le vrai Soweto? »

Walter se lève, bouteille à la main, et sans m'attendre, sort en titubant dans l'obscurité de cette soirée du 31 décembre.

Je jette un coup d'œil à l'horloge. Il est 23 h.

Devant, sur la rue Vilakazi, à Orlando Ouest, des familles se baladent. À une heure du décompte, l'ambiance est encore bon enfant. À quelle heure les émeutes ?

« Par ici », m'indique Walter qui s'engage dans une ruelle mal éclairée.

Je recule.

« Tu es certain que... ? »

« Allez ! »

Je sens que je n'ai ni le taux d'ivresse ni le courage nécessaire pour affronter le « ghetto ». Et je me demande sérieusement si je suis en adéquate compagnie.

« Où va-t-on, exactement, Walter ? », que je lui demande timidement.

Il gueule.

« T'es nul ou quoi ? Nous allons célébrer le Nouvel An à Mzimhlophe ! On va aller narguer les Zulus... Viens ! »

D'accord. J'arrive.

Le temps d'ajouter « mourir » à ma liste de résolutions...

LÀ OÙ LES RUES N'ONT PAS DE NOM

Soweto — Afrique du Sud

EN PLEINE NUIT DE LA SAINT-SYLVESTRE, BRUNO ET WALTER LE HOLLANDAIS FOU SE DIRIGENT À PIED VERS MZIMHLOPHE — NOM PROPRE SIGNIFIANT « VILLAGE BLANC », UN TOWNSHIP PLUTÔT CRADO ET TRÈS NOIR DE SOWETO...

Samedi
10 février
2007

Devant, dans l'obscurité, Walter mène la marche d'un pas enjoué ; il apparaît enchanté de traverser des terrains vagues embrumés, de poser le pied dans des boues douteuses et de s'engager sur le petit pont chancelant au-dessus du rail de chemin de fer abandonné, en direction de l'enfer.

Derrière, je ne partage pas son entrain de *boy scout*... Se promener par une nuit sans lune à Soweto, pour moi, c'est comme traverser un champ de mines en souliers à talons hauts : légèrement stressant et un chouia inconfortable. Appelez-moi pissou, pessimiste ou rabat-joie, mais avec tout ce que j'ai pu lire ou entendre au sujet de cet endroit, je ne serais pas du tout étonné que quelqu'un nous espère au tournant avec la Haine et un revolver et qu'il nous abatte tous les deux, pour nous voler nos chaussures et mes lunettes, ou pour aucune autre raison que celle d'avoir été Blancs au mauvais moment.

Walter n'aide en rien.

« C'est ici que je me suis fait tirer dessus pour la première fois », m'explique-t-il au coin des rues « *Scary shit* » et « *No name* », aux portes de Mzimhlophe, en haut de la colline.

« Mais c'est fini, la violence contre les Blancs, depuis que je suis le King de Soweto. »

Bon. Le voilà reparti dans son délire. Cet après-midi, il était Jack Sparrow. Trois heures plus tard, Braveheart. À présent, le King ? À ce rythme, demain, il sera Noé, mardi, Angelina Jolie, et jeudi, Dieu. Une question me chicote.

— Pourquoi es-tu venu vivre ici, Walter ?

— À Soweto, j'ai trouvé les meilleurs gens du monde. Le chômage, le sida, les horreurs ? Oui. Mais ici, ce n'est pas parce qu'on meurt qu'on ne sait pas vivre.

— Est-ce que ça s'est amélioré, depuis la fin de l'apartheid ?

— La fin de l'apartheid ? Ha ha ! *Big deal !* La géographie de la pauvreté n'a pas changé. Le niveau de pauvreté n'a pas changé. La situation des Noirs n'a pas changé. Tu veux que je te dise ce qui a changé depuis la fin de l'apartheid ?

— Oui.

— Sur les affiches où on lisait « *No Blacks* » a été ajouté le mot *Please*... Maintenant, *shut up,* tais-toi, il est minuit moins une.

Il s'assoit par terre et m'invite à faire de même.

Et le spectacle commence.

À minuit pile, le 31 décembre, tous les Sowetains sortent dans la rue et font exploser des pétards, des feux d'artifice et des fusées bon marché. Et ils crient.

À nos pieds, la cité pétarade comme le ciel de Bagdad à CNN. Des milliers de flammes, un crépitement assourdissant, 40 kilomètres carrés d'étincelles de toutes les couleurs... C'est dément !

Vu de l'espace, le township incandescent doit ressembler à un soleil. Jamais je n'ai assisté à une démonstration de joie aussi intense.

Walter applaudit.

« *See what I mean ?* »

Oui, je vois ce que tu veux dire...

Nous nous relevons et entrons dans Mzimhlope. Moment de vérité ! Et roulement de tambour… Nous n'avons pas fait 100 mètres que les habitants se précipitent sur nous en criant « *White people ! ! ! White people ! ! !* »

Surprise. Dans les visages, y'a pas la Haine. Dans les mains, y'a pas de revolver.

On nous embrasse. On nous remercie d'être venus les visiter. On nous souhaite bonne année.

« Compliments ! » qu'ils disent ici.

Puis, soudainement, c'est l'hystérie. Ils reconnaissent Walter, et ils lui sautent dessus.

« Walter ! » « Brother ! »

On le prend sur les épaules, comme un champion de rugby. Surpris, je demande à un jeune homme s'il connaît lui aussi Walter. « Bien sûr ! Tout le monde connaît Walter ! C'est le roi de Soweto ! » Un autre soutient : « Walter, c'est lui qui a fait fuir les Zulus ! Tout seul ! Avec sa mitraillette et ses grenades ! » Un troisième en rajoute : « Et le lendemain, la police a lancé 10 chiens sur la foule, et Walter les a tous battus à mains nues ! »

Je me tourne vers Walter. « Dix chiens ? » Il esquisse un sourire moqueur. « Bruno, ne crois pas tout ce qu'on te raconte à mon sujet »…

Ha ! Tu parles…

Nous passerons la nuit à faire la fête. Nous dormirons à 30 dans un bungalow pas plus grand que mon premier appartement. Le matin, nous nous réveillerons sur le plancher de la cuisine, au milieu de bouteilles vides, et nous irons nous asseoir sur le balcon, au soleil, pour manger les œufs qu'aura préparés Mama.

Je voulais voir le vrai Soweto. J'ai eu droit à bien plus.

J'y ai vécu.

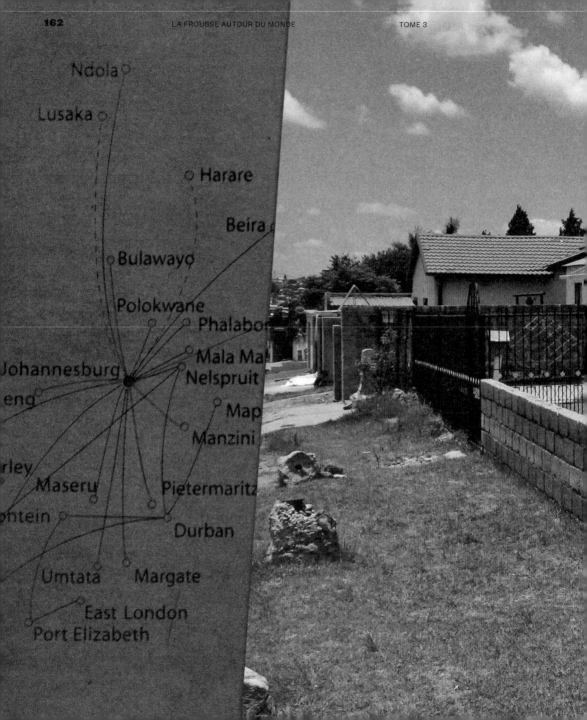

DEUX MILLE PROSTITUÉES EN BIKINI

CHRONIQUE 131

Le Cap — Afrique du Sud

ALLEZ À LA PAGE 166 POUR QUE BRUNO VOUS LISE CETTE CHRONIQUE.

JE VOUS RÉVÈLE UN SECRET ? L'AFRIQUE, QUI M'A ÉPUISÉ D'ENTRÉE, M'A SÉRIEUSEMENT INSPIRÉ PAR LA SUITE ; ET, EN MARGE DE L'ÉCRITURE DES CHRONIQUES HEBDOMADAIRES, JE PLANCHE DEPUIS DES MOIS SUR UN SCÉNARIO DE FILM, UNE COMÉDIE SATIRIQUE DANS LAQUELLE J'EXPLOITE TOUS LES CLICHÉS QUE L'ON ENTRETIENT SUR LE CONTINENT AFRICAIN.

**Samedi
17 février
2007**

J'étais très excité à l'idée de présenter ce projet à nos amis de Téléfilm Canada. Jusqu'à ce que, hier, en débarquant à l'hôtel Brown, au Cap – mon ultime destination en Afrique –, l'ironie du sort a voulu que je tombe sur un nouveau film américain diffusé à la télé *Pay Per View* sud-africaine. Le film *Blood Diamond*. Et j'ai perdu les pédales. Pendant certains passages, j'ai hurlé. Comme un démon! Aaaargh! J'ai lancé mon verre de scotch sur le mur et j'ai fracassé un miroir avec une chaise.

« Vauriens de Hollywood, vous m'avez volé mon idée! »

Mes voisins de chambre, une bande de 19 Chinois venus acheter des esclaves au marché central, se sont plaints du bruit au pingouin de la réception. Quand le réceptionniste a téléphoné, je n'ai pas répondu. J'ai arraché le fil du mur, puis j'ai sorti mon pistolet que j'ai chargé à bloc, schlic-schlac, en croisant mon regard dans le miroir...

Ayayaye. La bagarre de cet après-midi m'avait laissé avec une sale gueule : ma lèvre inférieure était éclatée, et j'avais les yeux rougis à force d'avoir pleuré ; je suis un dur de dur, mais ce n'est pas tous les jours qu'on voit son meilleur pote se faire brûler vif par une foule de Blacks enragés. D'une seule main, j'ai allumé une cigarette sans filtre avec mon Zippo, et je me suis tranquillement rassis devant la télé, décidé, cette fois, à ne pas me faire déranger. D'un côté, mon 26 onces de Jack Daniels et, de l'autre, mon fameux Colt 45 – oui, ce fidèle compagnon qui m'a sauvé d'une vicieuse attaque de crocodile dans les toilettes d'un restaurant éthiopien, alors qu'il était sorti du bol, le putain de gros lézard préhistorique.

Heureusement, ni les Chinetoques ni les autorités de l'hôtel n'ont insisté ; mon doigt tremblait sur la gâchette, et je n'aurais pas hésité à vider le baril de mon arme sur quiconque aurait osé mettre sa menotte sur la poignée de ma porte... Un flic, un livreur de pizza, Peter Pan, bang! Demain, je jetterai quand même un coup d'œil sous ma voiture avant de démarrer. Ou mieux : j'en volerai une autre. Une rouge. Ferrari ou Aston Martin. Un modèle de l'année.

lafrousse.ca

Pour en finir avec les clichés.

Le film *Blood Diamond,* donc, raconte les aventures d'un trafiquant de diamants d'Afrique du Sud, et l'histoire se déroule en Sierra Leone (aucun lien de parenté avec Sergio). Et comme dans le scénario de film que j'étais en train d'achever, c'est l'Afrique comme si vous y étiez. Tous les Africains sont mauvais, méchants ou crétins ; dopés, alcooliques, violents et assassins. Les femmes, toutes seconds rôles, pleurent ou lavent du linge dans la rivière. L'unique personnage avec un peu de bon sens, l'Américaine blanche (moi, dans mon film), est une photographe qui prend des photos avec les deux yeux ouverts (essayez voir) et qui vient pour annoncer aux autochtones que ce n'est pas bien ce qui se passe dans leur pays. « Ah non ? » lui répond le trafiquant repentant en trébuchant sur le corps d'un gamin de 10 ans décapité.

Wow. Hier, alors que je traversais un terrain contaminé aux métaux lourds où des enfants nus et sales jouaient au foot avec un rat mort, je m'étais imaginé une scène similaire. Sauf que mon personnage principal frappait un vieillard avec son 4x4 et disait : « Peut-être qu'on devrait créer une ONG pour leur montrer à traverser la rue ! »

Or, après avoir vu une énième scène identique à mon scénario (Leonardo court à travers un champ de tir de mitraillettes sans se faire atteindre, comme moi, déguisé en mime dans mon film) j'allais lancer le téléviseur par la fenêtre lorsque Dieu m'est apparu. Il avait une grande barbe blanche. « Fais pas ça », qu'il m'a dit avec sa grosse voix de Dieu.

« OK, Dieu. »

Je n'ai pas insisté. Anyway, après-demain, je pars pour Bangkok, où, dans ma chambre d'hôtel, m'attendent deux mille prostituées en bikini.

JE ME SUIS RÉVEILLÉ À CÔTÉ D'UN HOMME

CHRONIQUE 132

Bangkok — Thaïlande

CE MATIN, À BANGKOK, JE ME SUIS RÉVEILLÉ À CÔTÉ D'UN HOMME. IL SENTAIT LA BIÈRE ET LE VIEUX CENDRIER. ET J'ÉTAIS TELLEMENT HEUREUX QUE J'AVAIS ENVIE DE BRAILLER...

Samedi
24 février
2007

— Pardon ? Vous êtes à Bangkok, Monsieur Blanchet ? Vous z'étiez pas supposé traverser l'Atlantique en bateau à voile et rentrer à la maison, il me semble ?

Oui, madame Dubé, vous avez raison, je devais effectivement me rendre du Cap à Recife, au Brésil. Mais il m'aurait fallu attendre trois mois en Afrique du Sud, et je n'en aurais pas pris 15 minutes de plus. J'avais ma claque, comme on dit. Je n'arrivais plus à apprécier ni les récompenses, ni les efforts nécessaires pour les obtenir.

« On dirait que tu " paresseusises ", Bruno..., » m'a écrit une lectrice il y a quelques semaines, quand j'ai sauté par-dessus le Malawi et le Mozambique pour me rendre directement à Madagascar.

Peut-être bien. Peut-être aussi que je commence à m'ennuyer d'un chez-moi. Peut-être est-ce que j'ai envie d'un peu de calme.

À Bangkok, ma copine Supak nous a loué une minuscule chambre dans un gentil quartier, et elle l'a toute décorée en... rose. « Notre petit nid d'amour, Darling ! »

Génial.

La salle de bain est jaune, il n'y a pas l'eau chaude, le bol de toilette est turc, et la pâte à dents est brune. J'en avais utilisé de la noire au Japon, mais de la brune, jamais auparavant. Comme les crevettes, c'est bon, mais c'est laid. Au petit déjeuner, servi par terre au milieu du salon, nous savourons du yogourt au blé d'Inde, de la soupe de riz aux piments rouges et buvons du thé vert...

Si je veux déménager ici, va falloir que je « thaïlandise »...

เล่มที่ 0760

Comme mon amie Supak baragouine un anglais approximatif (baptisé ici le « thinglish ») et que je ne parle pas un traître mot de thaï, nous avons également de petits problèmes de communication. Dans sa famille, que je suis allé visiter dimanche dernier, je n'ai pas réussi à comprendre si son cousin était son cousin ou sa tante (classique dilemme thaï) et, au souper, quand j'ai bu l'eau chaude du bol qu'on venait de poser devant moi, sur le plancher (il n'y a pas de table chez la belle-mère), ma Supak était un peu gênée parce que, en principe, j'aurais dû juste m'y tremper les doigts.

Je devrai aller à l'école de la vie en Asie.

Mais je vous en recauserai du quotidien dans une grande ville asiatique, un peu plus tard, parce que le retour sur Bangkok avait un but plus... familial.

Et trois ans sans se voir, c'est long. Il arrive ce soir, sur Japan Airlines, vol 707, heure d'atterrissage prévue : 12 h 17. J'ai passé la journée sur Internet à vérifier l'état du vol, pour être bien certain de ne pas rater son arrivée, parce que rien que de l'imaginer, là, tout seul, à l'horrible Suvarnabhumi (le nouvel aéroport de Bangkok ou « l'éléphant blanc », un monstre inachevé digne du Stade olympique de Montréal), j'en tremble. C'est son premier voyage, et il a beau avoir 20 ans, mesurer deux mètres et pratiquer le taekwondo, rien ne me rassure aujourd'hui, parce qu'il est toujours mon « enfant »... Je le revois, à 4 ans, s'amuser à marcher à reculons avec des souliers trop grands ; à 10 ans, gagner une course de patinage de vitesse – j'étais agrippé à la baie vitrée, « Go Boris GO ! » – ; puis, il y a trois ans, avec les yeux rouges, le jour de mon départ...

AVEC MA BLONDE SUPAK

Depuis une semaine, je marche doucement et je regarde 12 fois des deux côtés de la rue avant de traverser, je ne m'arrête jamais sous un cocotier, et je ne mange que des aliments dans des emballages de plastique après avoir bien vérifié leur date d'expiration. Je me suis exercé au « moment où nous nous revoyons à l'aéroport » devant le miroir et, chaque fois, j'ai éclaté en sanglots comme un bébé. Je sens que je vais avoir l'air d'une belle Madeleine, ce soir...

12 h 45. Je discute avec le gardien de sécurité qui vient m'avertir de ne pas passer la barrière parce que je n'ai pas de billet d'avion. Je voulais aller de l'autre côté parce que la vue sur les arrivants, d'ici, n'est pas très bonne et parce que je suis de nature indisciplinée, vous me connaissez. J'étais donc en train d'essayer de l'amadouer avec ma tendre histoire de famille lorsque quelqu'un m'a tapé sur l'épaule.

« Salut, t'es-tu mon père, toi ? »

Mon fils. Ça y est. Je pouvais respirer. Il était là. Et il était magnifique.

« Viens-t'en à la maison, mon grand. On va fêter ça. »

Ce matin, je me suis réveillé à côté d'un homme. Il sentait la bière et le vieux cendrier. J'étais tellement heureux que j'avais envie de brailler.

CARTES POSTALES

CHRONIQUE 133

Bangkok — Thaïlande

LES BLANCHET EN THAÏLANDE

**Samedi
3 mars
2007**

Fiston Boris, 20 ans

Salut. C'est mon premier voyage en Asie, et mon premier voyage dans un pays chaud, si on exclut le Beach Club de Pointe-Calumet. L'avion, c'est trop long. Je me suis bourré de Gravol pour dormir. J'ai dormi. Mais je pense que j'en ai trop pris, parce que je me suis réveillé avec un mal de cœur. En arrivant à Bangkok, mon premier choc a été de ne pas avoir de choc du tout.

C'est une grande ville, avec des beaux temples et des palais, mais une grande ville comme j'en avais vu plein dans des jeux vidéos japonais. C'est surtout drôle de revoir mon père. Y'a pas changé, mais il n'est plus le même. C'est bizarre. On dirait qu'il est plus sérieux et, en même temps, plus fou qu'avant. Il a vieilli, mais il vit comme s'il avait 16 ans : il étudie, il travaille deux jours/semaine, il n'a jamais une « cenne », son appartement de Bangkok est plus petit que ma chambre à coucher, et ça n'a pas l'air de le déranger... Y'a pas l'eau chaude, pas le câble sur sa télé, pas d'ordinateur ni d'Internet et pas de téléphone : il dit que c'est son Asie à lui.

Moi, j'serais pas capable !

Mais dans le quartier où il habite (Banglamphu), c'est trippant. On peut acheter et boire de la bière dans la rue 24 heures par jour et y'a du monde de partout. Hier, à cinq heures du matin, j'étais sur une terrasse avec deux Australiens, un Allemand, une Japonaise, une Coréenne, un Suédois et un gars de Vancouver avec sa blonde thaïe. Je me demande pourquoi je n'ai pas voyagé avant. C'est facile au boutte.

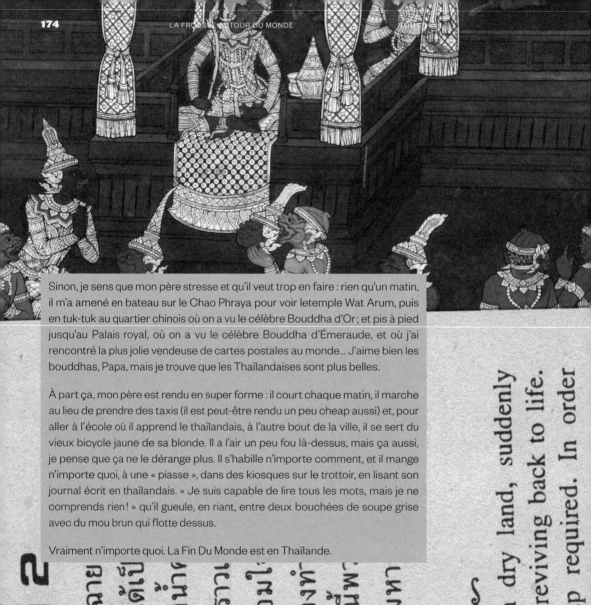

Sinon, je sens que mon père stresse et qu'il veut trop en faire : rien qu'un matin, il m'a amené en bateau sur le Chao Phraya pour voir letemple Wat Arum, puis en tuk-tuk au quartier chinois où on a vu le célèbre Bouddha d'Or ; et pis à pied jusqu'au Palais royal, où on a vu le célèbre Bouddha d'Émeraude, et où j'ai rencontré la plus jolie vendeuse de cartes postales au monde... J'aime bien les bouddhas, Papa, mais je trouve que les Thaïlandaises sont plus belles.

À part ça, mon père est rendu en super forme : il court chaque matin, il marche au lieu de prendre des taxis (il est peut-être rendu un peu cheap aussi) et, pour aller à l'école où il apprend le thaïlandais, à l'autre bout de la ville, il se sert du vieux bicycle jaune de sa blonde. Il a l'air un peu fou là-dessus, mais ça aussi, je pense que ça ne le dérange plus. Il s'habille n'importe comment, et il mange n'importe quoi, à une « piasse », dans des kiosques sur le trottoir, en lisant son journal écrit en thaïlandais. « Je suis capable de lire tous les mots, mais je ne comprends rien ! » qu'il gueule, en riant, entre deux bouchées de soupe grise avec du mou brun qui flotte dessus.

Vraiment n'importe quoi. La Fin Du Monde est en Thaïlande.

UNE STATUE
DU PALAIS ROYAL
DE BANGKOK,
TÉMOIN DES
RETROUVAILLES
AVEC MON FILS BORIS

Papa Bruno, 42 ans

Yo ! Ça me stresse de ne pas savoir si Boris trouve le voyage vraiment de son goût. Je fais des efforts mais, à 10 h le soir, je m'endors ; et puis, quand je sors dans les discothèques, j'ai l'air d'un mononcle, et je ne voudrais pas lui faire honte : ici, les filles le trouvent beau bonhomme, et c'est l'fun. Ça en fait au moins un dans la famille. À ce sujet, je crois que mon fils n'aime pas beaucoup mon look de vieux chauve qui persiste à vouloir être cool ; lorsqu'il m'a vu me pointer au restaurant avec un bandeau sur la tête – à la Patrick Norman –, il m'a dit : « T'aurais dû laisser le linge à vaisselle dans la cuisine. » Faut avouer que je ne suis pas convaincu de son look non plus, avec sa bague dans le pouce et son faux mohawk style David Beckham d'il y a six ans. Mais de quoi je me mêle, je ne suis qu'un vieux monsieur qui trippe sur les bouddhas ! Au Palais royal, pendant que je m'extasiais devant la beauté du lieu sacré, mon garçon tombait en amour avec la fille des cartes postales.

On va s'ajuster, mon gars.

Prochaine étape, l'océan.

PLONGÉE SOUS-MARINE

Île de Koh Tao — Thaïlande

LES BLANCHET EN THAÏLANDE

**Samedi
10 mars
2007**

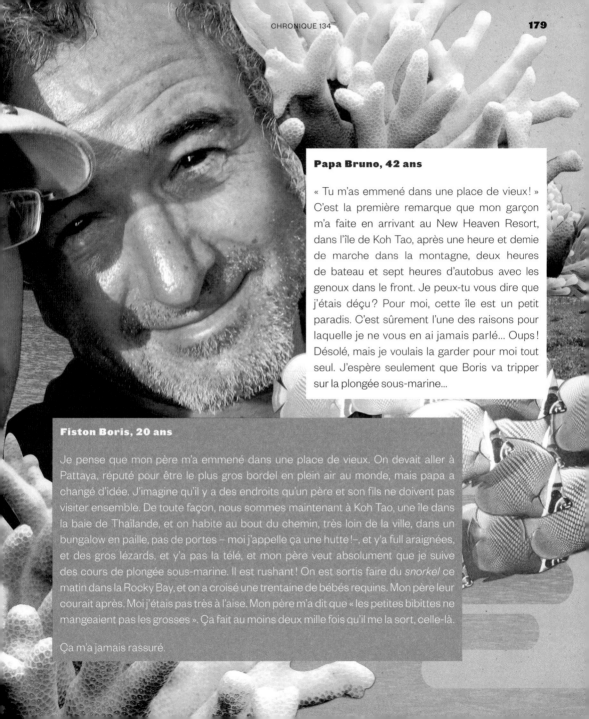

Papa Bruno, 42 ans

« Tu m'as emmené dans une place de vieux! » C'est la première remarque que mon garçon m'a faite en arrivant au New Heaven Resort, dans l'île de Koh Tao, après une heure et demie de marche dans la montagne, deux heures de bateau et sept heures d'autobus avec les genoux dans le front. Je peux-tu vous dire que j'étais déçu? Pour moi, cette île est un petit paradis. C'est sûrement l'une des raisons pour laquelle je ne vous en ai jamais parlé... Oups! Désolé, mais je voulais la garder pour moi tout seul. J'espère seulement que Boris va tripper sur la plongée sous-marine...

Fiston Boris, 20 ans

Je pense que mon père m'a emmené dans une place de vieux. On devait aller à Pattaya, réputé pour être le plus gros bordel en plein air au monde, mais papa a changé d'idée. J'imagine qu'il y a des endroits qu'un père et son fils ne doivent pas visiter ensemble. De toute façon, nous sommes maintenant à Koh Tao, une île dans la baie de Thaïlande, et on habite au bout du chemin, très loin de la ville, dans un bungalow en paille, pas de portes – moi j'appelle ça une hutte!–, et y'a full araignées, et des gros lézards, et y'a pas la télé, et mon père veut absolument que je suive des cours de plongée sous-marine. Il est rushant! On est sortis faire du *snorkel* ce matin dans la Rocky Bay, et on a croisé une trentaine de bébés requins. Mon père leur courait après. Moi j'étais pas très à l'aise. Mon père m'a dit que « les petites bibittes ne mangeaient pas les grosses ». Ça fait au moins deux mille fois qu'il me la sort, celle-là.

Ça m'a jamais rassuré.

Papa Bruno, 42 ans

Boris a commencé ses cours de plongée. Il n'a pas eu le choix, je l'ai inscrit.

Fiston Boris, 20 ans

L'instructeur, Jean-Nic, est un Québécois qui vit à Koh Tao depuis trois mois. Je commence à comprendre pourquoi... J'aime ça la plongée.

Papa Bruno, 42 ans

Je suis assis à la terrasse du Rasta bar, au bord de la plage, devant une mer turquoise, et je bois un grand jus de fruits frais en attendant que mon fils termine son examen final de plongée. Ça y est! Demain, nous irons ensemble voir les petits poissons dans la baie de Thaïlande. Jack Johnson joue à la radio. Je ne pouvais pas imaginer plus joli scénario. Je vais aller le rejoindre en joggant sur la plage.

Fiston Boris, 20 ans

Aussitôt que j'ai eu fini mon examen, j'ai vu mon père arriver en courant sur la plage. Il a une petite bedaine et ses shorts sont trop courts... Ça m'a rappelé une scène poche du film *Rocky 3,* quand Rocky court avec Apollo sur la plage, et qu'il y a des gros plans de leurs cuisses, et qu'ils se sautent dans les bras au ralenti. Et j'ai ri.

Papa Bruno, 42 ans

Mon garçon était tordu de rire quand je suis arrivé au Dive Shop (le New Heaven Dive Shop, des mecs super sympas... si vous y allez, s'il vous plaît, dites que c'est Bruno qui vous envoie, et peut-être que je pourrai plonger gratis la prochaine fois). Moi aussi j'étais content. Peut-être même plus que lui, mais pas pour les mêmes raisons.

Fiston Boris, 20 ans

Finalement j'adore Koh Tao, mais je commence à avoir hâte d'aller au *Full Moon Party,* dans l'île d'en face, Koh Phangan. Paraît qu'il y'a 20 000 personnes et que c'est débile.

Papa Bruno, 42 ans

En définitive, je crois que Boris s'est bien amusé sur Koh Tao, après s'être habitué au rythme de vie très-énormément-beaucoup plus lent qu'à la maison. Mais je sais qu'il a hâte d'aller au Full Moon, un gros party qui ne me dit rien du tout. Paraît qu'il y a 20 000 personnes et que c'est débile...

FULL MOON PARTY

HELLO BORIS..

CHRONIQUE 135

île de Koh Phangan — Thaïlande

LES BLANCHET EN THAÏLANDE

**Samedi
17 mars
2007**

Papa Bruno, 42 ans

À bord du « party boat » qui nous conduit à l'île de Koh Phangan pour le légendaire *Full Moon Party*, ça se déroule exactement comme je le craignais : on assiste au début de la fin de la civilisation.

Musique d'enfer, concours de calage de bière et compétitions de seins à l'air. Youpidou. Ce n'est pas commencé que je m'emmerde déjà. Peut-être suis-je trop vieux pour ça ?

Fiston Boris, 20 ans

Sur le bateau, je capote ! Après 15 minutes, j'ai déjà bu trois bières et rencontré deux filles ; et la super belle blonde de Californie avec le bikini rouge, qui a l'air d'une star, je pense l'avoir déjà vue quelque part...

Mon père dit que ça doit être dans le film *American Pie*.

Papa Bruno, 42 ans

L'île en vue, je répète les consignes à mon garçon : aucune consommation ou achat de dope – on raconte qu'il y a des flics dissimulés aux 10 mètres ; en tout temps, surveille ton verre de bière, et n'accepte aucun *drink* d'un étranger parce qu'ici (et c'est bien connu) on te fout du GHB dans ton verre, et tu te réveilles le lendemain midi couché sur la plage en sous-vêtements et sans le sou, avec un ridicule coup de soleil sur la moitié du visage, sous les pieds et derrière les genoux.

Et fais attention aux fameuses « buckets » : ce sont des seaux glacés remplis d'un mélange de cola, de Red Bull et de Sangsom, un whisky local – l'équivalent du « caribou » de chez nous –, qui est juste assez sucré pour se boire comme du Tang, mais qui, à la longue, ne pardonne pas. Méfie-toi aussi des jolies jeunes filles thaïes : elles ont les doigts longs. Bref, ne fais confiance à personne.

Allez, amuse-toi !

Fiston Boris, 20 ans

Mon père est parano.

Papa Bruno, 42 ans

On débarque au village de Haad Rin, où se passe la fête. C'est pire que pire. Je donne 30 $ à mon fiston, je prends en charge son porte-monnaie et les billets de retour pour le bateau, et je détermine tout de suite le point de rencontre : le Seven Eleven, un dépanneur sur la plage, à 4 h 30 du matin, parce qu'on repart à 5 h.

Fiston Boris, 20 ans

C'est écœurant. Il y a des bars tout le long de la plage qui font jouer de la musique à fond : du techno, du hip-hop, du reggae, tout ce que tu veux, avec des jongleurs de feu et la pleine lune en *background*. C'est dommage qu'on rentre demain matin ! J'ai perdu les deux filles du bateau, mais je viens de rencontrer May, une jolie Thaïlandaise.

Papa Bruno, 42 ans

J'ai perdu mon fils. Je suis seul. Vieux et seul. Ma copine m'appelle de Bangkok au cellulaire. Je vais m'asseoir à l'écart pour lui raconter mon calvaire. Elle se marre.

Fiston Boris, 20 ans

J'ai jamais eu autant de fun dans un party de toute ma vie ! May veut qu'on aille se baigner tout nus dans la mer. Je commence à être saoul en maudit.

Papa Bruno, 42 ans

2 h 30. Ne reste que deux heures avant le rendez-vous. J'espère que Boris s'amuse. Je m'arrête au bar de break-beat, une musique techno qui ne me déplaît pas parce qu'elle est tout à fait indansable, et par conséquent, parfaite pour ceux qui, comme moi, ne savent pas danser. Je me bouge un peu, à la *La La La Human Brune,* et presque aussitôt une jeune femme thaïe vient m'offrir une « bucket ». J'hésite, bah !, je l'achète ; j'ai été raisonnable jusqu'à présent, et je mérite bien une petite ivresse avant de partir.

Fiston Boris, 20 ans

4 h. May part avec ses amies. Je me rhabille.

Papa Bruno, 42 ans

Je cherche Boris, le dépanneur, je cherche l'heure partout. Puis, tout à coup, je sais plus ce que je cherche. Le décor tourne. Je m'enfonce dans la foule. Je m'en fous. Spin, DJ, spin ! Brusquement, la plage se rapproche de mon visage. Pouf ! Les lumières s'éteignent.

Fiston Boris, 20 ans

4 h 30. Je suis au Seven Eleven. Mon père n'est pas au rendez-vous.

Qu'est-ce qui se passe encore ?!?

Papa Bruno, 42 ans

C'est drôle. On dirait que quelqu'un essaye de m'enlever mon pantalon

BORIS BLANCHET
DEVANT L'ENSEIGNE
DU LÉGENDAIRE
FULL MOON PARTY
THAÏLANDAIS.

À LA PROCHAINE

Bangkok — Thaïlande

AVANT QUE VOUS ME POSIEZ LA QUESTION, OUI, JE ME SUIS FAIT DROGUER PAR DES MALFAITEURS AU *FULL MOON PARTY* DE KOH PHANGAN, ET ON M'A TOUT PRIS ! ENFIN, PRESQUE TOUT. AU RÉVEIL, J'AVAIS MA CHEMISE, MON PANTALON ET MES SANDALES ; CE QUI N'EST PAS SI MAL, CAR J'EN CONNAIS QUI SE SONT RÉVEILLÉS LÀ-BAS EN TENUE D'ADAM. À RANGER AU RAYON DES EXPÉRIENCES RIDICULES NÉCESSAIRES.

OUPS, LE TIROIR EST PLEIN !

**Samedi
24 mars
2007**

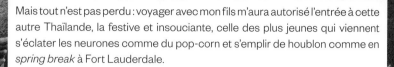

Mais tout n'est pas perdu : voyager avec mon fils m'aura autorisé l'entrée à cette autre Thaïlande, la festive et insouciante, celle des plus jeunes qui viennent s'éclater les neurones comme du pop-corn et s'emplir de houblon comme en *spring break* à Fort Lauderdale.

Et franchement, je vous avoue, ce n'est pas ma tasse de chai, comme on dit en Inde ; mais quand on n'a que 20 ans et trois semaines de vacances, ou deux, ou une, je peux comprendre qu'on ait envie de se péter gaiement la fraise... En Thaïlande ou ailleurs ! N'en déplaise aux deux vrais touristes qui m'écrivent que ce n'est pas ça, la *vraie* Thaïlande. Merci, Messieurs. J'ignorais qu'il y en avait une fausse. Quoi qu'il en soit, mon garçon parti ce matin, je vous écris cette chronique avec le cœur qui tourne à vide, doublement malheureux parce que, en plus, c'est aujourd'hui LA dernière chronique officielle de *La Frousse*, et que nous nous dirons, nous aussi, au revoir après ces quelques lignes. Je pose mon sac à Bangkok pour un nombre indéterminé de mois, et je mets la machine à PAUSE, question de recharger mes batteries (j'ai un sérieux problème de dos), apprendre le thaï, manger du bon manger épicé, peut-être me marier, tourner un documentaire, m'acheter une moto, aller réfléchir dans un monastère, et puis quoi encore...

Préparer le prochain voyage ?

À ce sujet, vous avez été nombreux à me poser plus ou moins les mêmes questions, auxquelles je tenterai de répondre brièvement avant d'éteindre, OK ? Go !

Quelles ont été tes destinations préférées ?

L'Ouganda, la dense et mystérieuse contrée ; le Yémen, pour un voyage dans le temps ; le Myanmar, pour les temples, les sourires et les cheveux des femmes ; le Bangladesh, pour se faire un million d'amis ; la Mongolie, pour voir à l'infini ; la Chine, pour se sentir toujours trop loin de la maison ; et le Cambodge, pour toutes ces raisons... Des déceptions ? L'Inde, où je n'ai pas su comprendre ce que je devais aimer, et le Japon, que j'ai trouvé trop hermétique. Mais encore une fois, si je m'étais donné la peine d'apprendre un peu plus de hindi et de japonais...

Est-ce que les trois ans de voyage t'ont changé ?

Oui. Je suis plus pauvre et plus chauve.

Quelle est ta prochaine destination ?

Ces jours-ci, je rêve de l'Iran...

Qu'est-ce que tu as dans ton sac ?

L'essentiel pour pays chaud à tempéré : un seul changement de vêtements, une tuque du Canadien, une casquette, un imper de pharmacie à une piastre, deux sous-vêtements, un short qui sert de short et de costume de bain, un survêtement chaud, deux paires de chaussettes, des gougounes, des petits gants, un sarong qui sert aussi de serviette, un filet à moustiques (merci, Carole!), une perruque d'Elvis (merci, Gyslène!), un bloc-notes, des crayons, un atlas, des pilules contre la malaria (Malarone), une crème antibiotique, une corde à linge élastique (très utile), des pilules de Ciprofloxine – des comprimés pour purifier l'eau, de la crème solaire, une figurine de lutteur mexicain masqué porte-bonheur, un savon, de la pâte à dents et une brosse à dents... C'est tout ! J'ai commencé le voyage avec un sac de 25 kilos (je serais mort de soif si j'étais tombé sur le dos) et j'essaye désormais de le maintenir dans les six, sept kilos, un poids idéal pour voyager. Et avec un sac de cette grosseur, comme vous n'avez jamais l'air d'arriver, ni de partir, les têteux vous foutent la paix.

Des conseils ?

Oui, beaucoup. Mais en même temps, la crainte de se tromper fait partie intégrante de l'Aventure ; il n'y a pas meilleure façon d'apprendre qu'en échouant, et il n'y a pas plus grande satisfaction que de découvrir soi-même le « truc » ! Alors, parce que je vous aime, je vous dirai simplement ceci : arrangez-vous avec vos troubles. Le mot de la fin ? J'espère que vous avez eu du plaisir. Moi, si ! Merci à tous, qui ont pris le temps de me lire, qui m'ont écrit, merci à tous, croisés sur la route, qui sont devenus des amis, merci Marie-Christine Blais, ma lectrice, mon ange, celle qui me dirige, me corrige et m'aide à me relever dans les moments difficiles, merci *La Presse*.

Sawatdii khap.

Bye bye, Boris, bye bye, Bruno.

FÉE CLOCHETTE
DE
WALT DISNEY

TRITON,
STAR DU ZOO
DE JOHANNESBURG
PAR JOHN LIEBENBERG
BARCROFT MEDIA LTD
2010

BLACK QUEEN
PAR TIBOR KALMAN
MAGAZINE COLORS
#04 / RACE

AUNT JEMIMA
THE QUAKER
OATS COMPANY

DAKTARI
IVAN TORS FILM

MARILYN MONROE
1953
PORTRAIT PAR
ALFRED EISENSTAEDT
POUR *LIFE MAGAZINE*

BOUTEILLE
DE
WHISKY DEWARS

BRUNO
DANS LE RÔLE DE
EL MIMO, *LFDMEA7H*,
ZONE 3

CE BURGER N'EST
PAS UN VRAI
WHOPPER

JOHN F. KENNEDY
1961
BIBLIOTHÈQUE DU CONGRÈS
DES ÉTATS-UNIS,
DIVISION DES IMPRIMÉS
ET PHOTOGRAPHIES
PRISE PAR UN MARIN

LOGO
CANADIAN TIRE

IMAGE TIRÉE
DU FILM
« IDI AMIN DADA :
AUTOPORTRAIT »
DE BARBET SCHROEDER
1974

BIÈRE
CHANG

BENJAMIN FRANKLIN
TIRÉ D'UN BILLET
DE 100$ US

ST-BRUNO
GIROLAMO MARCHESI
1525
HUILE SUR BOIS

L'itinéraire de Bruno

CHRONIQUES DU TOME 1 AU TOME 3

000